AF381755

Délires Gastronomiques

Dans les coulisses de la restauration

Maxime Hermaisse

Délires Gastronomiques

Dans les coulisses de la restauration

Édition : BoD – Books on Demand, info@bod.fr
Impression : BoD – Books on Demand, In de Tarpen 42, Norderstedt
(Allemagne)

Impression à la demande
Images : Bing DALL.E & iStock

ISBN : 978-2-3225-0340-7
Dépôt légal : Septembre 2023

Table des matières

Préambule

Cher lecteur,

Nous sommes ravis de vous présenter *« Délires Gastronomiques »*, un recueil captivant d'histoires authentiques et passionnantes de l'univers de la restauration.

Sous la plume de Maxime Hermaisse, plongez-vous dans le monde délicieux et parfois surprenant de l'industrie culinaire, où chaque chapitre révèle une nouvelle facette intrigante de cet univers haut en saveurs.

Les histoires qui s'entremêlent dans ce livre sont le fruit d'expériences vécues.

Plus de neuf ans à recueillir ces anecdotes auprès de mes chers amis, restaurateurs et hôteliers.

C'est un hommage à tous les acteurs de cette industrie qui, jour après jour, offrent à leurs convives bien plus qu'un simple repas, une expérience culinaire inoubliable.

Dans ce recueil, vous découvrirez des moments de rire et de complicité avec le personnel de cuisine, des rencontres improbables avec des clients hauts en couleur, des anecdotes qui réchauffent le cœur avec des événements touchants, mais aussi des défis qui font la force de ce métier si exigeant.

De la cuisine aux coulisses du service, chaque page révèle l'amour et la passion que les acteurs de ce domaine dévoué portent à leur art.

Préparez-vous à rire, à être ému et à être inspiré par les histoires qui prennent vie dans « *Délires Gastronomiques* ».

Pour faciliter la lecture et protéger l'anonymat de tous nos protagonistes, nous avons créé trois personnages principaux :

➢ *Guy Demiche*

Le Chef de cuisine et propriétaire du restaurant « *La Bonne Table* » aux alentours de Bourg-en-Bresse.

Âgé de 56 ans avec une allure athlétique, il a développé un goût prononcé pour les plaisirs gustatifs et a rapidement compris que la cuisine était bien plus qu'une simple activité quotidienne. Il a suivi une formation culinaire rigoureuse, affinant ainsi ses compétences et sa créativité.

Sa passion pour l'expérimentation culinaire l'a amené à repousser les limites traditionnelles, en mariant des ingrédients inattendus pour créer des plats qui éveillent les papilles et suscitent l'émerveillement de ses convives.

Chaque plat qui sort de sa cuisine est une œuvre d'art gustative, mariant subtilement les textures, les couleurs et les arômes pour créer une symphonie culinaire exceptionnelle.

En somme, Guy est bien plus qu'un simple chef de cuisine et propriétaire de restaurant. Il incarne une passion ardente pour l'art culinaire, une quête constante de l'excellence et un engagement envers des valeurs éthiques. Sa personnalité dynamique, son expertise culinaire et son souci du détail font de lui une figure emblématique de la scène gastronomique, et « *La Bonne Table* » reste un endroit incontournable pour les gourmets et les amateurs de bonne cuisine.

La tolérance de Guy Demiche est une qualité qui transparaît dans sa manière de gérer son équipe et de traiter les différences d'opinions. Il reconnaît la valeur de la diversité et encourage la créativité et l'expression individuelle au sein de son établissement.

Guy Demiche combine une personnalité sympathique et tolérante avec un sens aigu de la droiture et de la justice. Cette combinaison fait de lui un individu respecté et apprécié, tant pour son expertise culinaire que pour sa manière d'interagir avec les autres.

➢ *Morgane*

La serveuse est une jeune femme de 24 ans qui incarne à la fois la douceur et le professionnalisme. En tant que serveuse au sein du restaurant « *La Bonne Table* », elle apporte une touche de grâce et d'efficacité à l'expérience culinaire offerte aux clients.

Sa douceur transparaît dans sa manière d'interagir avec les convives. Son sourire chaleureux et son attitude attentionnée créent une ambiance accueillante pour tous ceux qui franchissent les portes du restaurant.

Elle sait comment établir un contact amical et naturel avec les clients, rendant ainsi leur expérience encore plus mémorable.

Cependant, ne vous y trompez pas, derrière cette douceur se cache également un niveau élevé de professionnalisme. Morgane est déterminée à fournir un service impeccable et à répondre aux besoins de chaque client avec précision. Elle possède une connaissance approfondie du menu et est capable de fournir des recommandations pertinentes en fonction des préférences individuelles.

Sa nature professionnelle se manifeste également dans sa disposition à travailler en équipe avec le reste du personnel. Elle communique efficacement avec la cuisine pour garantir que les plats soient servis au bon moment. Sa coopération et son sens du devoir font d'elle un élément essentiel de l'équipe du restaurant.

➤ *Tibo*

Le serveur est un homme de 32 ans qui respire l'efficacité et l'élégance à chaque pas. Sa présence au restaurant *« La Bonne Table »* ajoute une touche de sophistication qui ne passe pas inaperçue.

Son efficacité est une caractéristique clé de sa personnalité. Que ce soit pour gérer les réservations, prendre les commandes ou coordonner le service en salle, Tibo excelle dans la gestion du temps et des tâches.

Il a la capacité de maintenir un flux constant dans le service tout en veillant à ce que chaque détail soit pris en compte.

Mais ce qui distingue Tibo encore davantage, c'est sa classe innée. Sa tenue vestimentaire impeccable et son comportement distingué ajoutent une dimension de raffinement à son rôle. Sa voix posée et son langage corporel confiant témoignent de son assurance et de son respect envers tous ceux qu'il côtoie.

Bon appétit et bonne lecture.

Le client est roi,
à condition qu'il se comporte
comme un prince.

Dédicace

À tous les professionnels de la restauration et de l'hôtellerie, ces quelques lignes sont dédiées à vous, véritables artisans de la gastronomie et gardiens de l'hospitalité.

Votre dévouement, votre passion et votre savoir-faire ont le pouvoir de transformer un simple repas en une expérience inoubliable, et une chambre d'hôtel en un véritable refuge pour ceux qui cherchent à s'évader.

Enfin, une pensée chaleureuse pour Antonio et Martine qui ont fait une drôle de tête quand leur fils de quinze ans leur a dit qu'il voulait arrêter le collège pour se consacrer à la restauration.

Ils l'ont laissé, non sans peine, suivre ce chemin.

Pour Henri P., chef de cuisine du restaurant *« L'Auberge de l'hexagone »* à Cormeilles-en-Parisis, dans le Val-d'Oise.

Grâce à sa rigueur et sa générosité, il a su inculquer l'amour de la profession et éveiller la curiosité pour la création permanente.

Pour Sébastien. Là où il est, il se reconnaîtra.

Avec gratitude et admiration.

Maxime

« Certaines anecdotes font référence à l'alcool. Il est important de rappeler
que la consommation d'alcool peut être dangereuse pour la santé, et il est
recommandé de la pratiquer avec modération. »

« La gastronomie est l'art d'utiliser la nourriture pour créer le bonheur. »

Théodore Zeldin

Méli-mélo dans les cuissons

Il est fascinant de constater à quel point de nombreuses personnes ont des exigences très particulières au sujet de la cuisson de leur viande. Il est courant de recevoir des demandes de cuisson extravagantes et difficiles à cerner.

Voici quelques exemples amusants :

À point ++, pas bien cuit, mais à point ++

Cette demande laisse perplexe et déchiffrer les subtilités de cette requête relève du défi.

Bleu... mais chaud à l'intérieur
Sur une entrecôte épaisse de 800 grammes, c'est de l'exploit culinaire. Concilier une cuisson bleue avec une température interne chaude peut sembler paradoxal, mais il faut trouver le juste équilibre pour satisfaire les papilles exigeantes du client.

Saignant ++
Cette demande ajoute une touche de complexité à la cuisson saignante habituelle. Il faut comprendre que le client souhaite une cuisson légèrement plus cuite que le saignant traditionnel, sans pour autant atteindre le stade de l'à point.

À point moins
Cette demande laisse pantois, car elle suggère une cuisson à point, mais en dessous de la normale. Saignante quoi !

Le pire, c'est lorsqu'un client demande une viande bien cuite pour un morceau de choix et, parfois même, la renvoie en cuisine sous prétexte qu'elle n'est pas suffisamment cuite. Pourquoi une « cuisson semelle » n'existe pas ?

Cru et bien cuit

Ce couple souhaite partager une entrée et un plat. Il s'adresse à Morgane :

— En entrée, nous prendrons un carpaccio de bœuf, et ensuite, nous aimerions avoir un filet de bœuf bien cuit.

Le chef Guy lit la commande. Sans perdre de temps, il sort de sa cuisine et se dirige vers leur table, souriant et prêt à les conseiller :

— Bonsoir madame, bonsoir monsieur. Êtes-vous certains de vouloir votre filet de bœuf bien cuit ? Je vous propose de reconsidérer votre choix, car comme entrée, vous avez opté pour du bœuf cru, le carpaccio. Je vous suggère plutôt de choisir le filet de bœuf saignant afin de préserver sa tendreté. De plus, cela serait dommage de perdre la qualité exceptionnelle de cette viande en la faisant cuire davantage.

La femme semble surprise par cette remarque, elle répond :

— Vous avez parfaitement raison, nous n'avons pas pensé à cela. Merci pour votre conseil.

Des vers au derrière

Nous l'appellerons Georges. De temps en temps, lui et son épouse viennent dîner dans le restaurant de Guy.

Georges a environ 75 ans et arbore toujours un large sourire, ce qui lui donne une bouille sympathique. Sa taille imposante et sa carrure ne passent pas inaperçues. C'est son comportement qui est quelque peu déconcertant.

Quand il a réservé, Guy s'est immédiatement dit, « Eh ben ! On va encore passer une agréable soirée. »

Monsieur Georges et sa dame arrivent à l'heure convenue. La serveuse Morgane les guide jusqu'à leur table. À peine cinq minutes se sont écoulées avant que Georges ne se lève et commence à se promener dans les allées du restaurant. Il n'a même pas pris le temps de regarder la carte.

Il va voir Guy en cuisine pour discuter, puis se rend au bar pour parler à Morgane. Il ne dérange personne, mais tout le monde le voit.

Dix longues minutes plus tard, il retourne à s'asseoir et enfin se plonge dans le menu. Il passe commande, puis aussitôt se lève à nouveau pour poursuivre sa petite balade. Les entrées arrivent, il repose son arrière-train sur sa chaise. Il les termine rapidement et une fois de plus, il quitte sa table pour se dégourdir les jambes.

Encore dix minutes, son plat principal est servi. Il se rassoit, le déguste et se relève de nouveau. Ce scénario identique se répète pour le dessert, et même pour le café.

Quant à son épouse, elle l'attend patiemment à chaque fois, presque religieusement, assise à sa place.

Une fois qu'il a fini de dîner, il ne traîne pas. Il se lève aussitôt et vient régler l'addition au bar. Sincèrement, il n'est pas méchant, mais son comportement est tellement épuisant que tout le monde ressent un certain soulagement à le voir partir.

À bientôt, monsieur Georges. Malgré tout, toute l'équipe vous apprécie.

Moi, préfère vodka !

Alain vient de réserver une table pour demain soir à 20 heures. Comme d'habitude, il a demandé la table dans l'angle, un endroit un peu plus discret et confortable.

Guy connaît bien Alain. C'est un homme élégant, mince, très raffiné, doté d'une excellente éducation et de bonnes manières irréprochables.

Cependant, chaque fois qu'il vient, environ une fois par mois, il est toujours accompagné d'une femme différente. Et elles sont toutes plus belles les unes que les autres. Alain doit apprécier la diversité car le restaurant a vu défiler des Asiatiques, des Africaines, des femmes d'outre-Manche, des Américaines, des Scandinaves, et même une Brésilienne.

Pile à 20 heures, Alain entre dans le restaurant, accompagné d'une superbe femme blonde, approximativement 1 mètre 75, avec une poitrine généreuse idéalement mise en valeur. Elle est esthétiquement proche de la perfection.

— Je vous présente Nastasia, dit-il.
— Bienvenue, Nastasia, répond l'équipe.
— Merci beaucoup, moi parle pas beaucoup français, viens de Saint-Pétersbourg.

Cette fois, Alain a jeté son dévolu sur la Russie. Alain est un grand voyageur.

Morgane les installe à la table réservée.

Alain propose un apéritif à sa compagne :
— Souhaites-tu un apéritif, ils ont un excellent champagne ici ?
— Moi, préfère vodka !

Le champagne et la vodka sont servis.

Morgane prend leur commande. Au moment de choisir le vin, Alain propose à sa partenaire de goûter à ce fameux vin qui se mariera merveilleusement bien avec les plats précédemment commandés.

Et Nastasia répond :
— Moi, vodka !

Alain lance un regard déconcerté à Morgane.

Le dîner se déroule à merveille. Il y a de la musique espagnole en fond sonore. Des airs chaleureux qui se marient bien avec l'ambiance de la soirée.

Les plats succèdent aux entrées et enfin, le dessert arrive. Déjà cinq verres de vodka ont été servis et Nastasia en commande un sixième pour accompagner sa tarte Tatin.

À peine sa première bouchée terminée, elle se lève précipitamment, rejoint le centre de la salle et se met à gesticuler maladroitement sur les airs de musique ibérique.

Les yeux dans le vide, elle tente quelques pas mélangeant rumba, salsa, tango... et flamenco qui aurait pu faire pâlir Carmen Amaya.

Visiblement, Alain est embarrassé, mais il est trop galant pour mettre fin à la mascarade. Il préfère mettre un terme à la soirée le plus rapidement possible en demandant l'addition. Il laisse trois billets dans la coupelle.

— Tout est bon comme ça. Gardez la monnaie.

Il se lève aussi vite qu'il a payé, se dirige vers la sortie du restaurant, prend Nastasia sous le bras et disparaît dans la nuit.

L'histoire ne dit pas comment cette soirée s'est terminée.

Quoi qu'il en soit, le mois suivant, Alain est revenu. Cette fois avec Isabelle, originaire de Montpellier. Et ils ont pu déguster une bonne bouteille de vin.

Le thon est un poisson

Morgane :
— Madame, avez-vous fait votre choix ?
— Je vais prendre un carpaccio de thon.

Quelques minutes plus tard, Morgane revient à la table de sa cliente pour y déposer l'assiette richement décorée et à l'aspect savoureux.

Du coin de l'œil, Morgane s'inquiète de voir que la cliente ne touche pas à son plat. Intriguée par son expression, elle s'approche de sa table et lui demande poliment :
— Quelque chose ne va pas, madame ?
— C'est sûrement très bon, mais je n'aime pas le poisson…

Le plat fait un plat

Morgane s'approche de la table de quatre convives avec son carnet de commandes à la main. Elle les salue poliment et demande :

— Avez-vous fait votre choix, mesdames et messieurs ?

Les convives s'empressent de répondre presque simultanément avec enthousiasme :

— Oui !

Un par un, ils énumèrent leurs préférences culinaires, exposant avec détails les plats qu'ils aimeraient avoir dans leur assiette. Morgane prend note de chaque demande, prête à transmettre les instructions à la cuisine.

Lorsque vient enfin le tour de la dernière cliente, celle-ci demande :

— Pouvez-vous me dire de quoi est composé le plat de crevettes flambées ?

Morgane affiche un large sourire et répond avec assurance :

— Alors, le plat de crevettes flambées est préparé avec des crevettes de calibre numéro cinq, de l'ail, des champignons frais et le tout est flambé au cognac.

La cliente réfléchit un instant, puis surprend tout le monde avec sa demande particulière :

— Je vais prendre ça, mais sans les crevettes.

Un silence s'installe dans la pièce alors que tous les convives, et même la serveuse, sont momentanément déconcertés par cette requête inattendue.

Morgane, reprend rapidement ses esprits, s'efforce de garder son professionnalisme et sourit à la cliente. Elle confirme un peu perplexe :

— Bien madame, je vais transmettre votre commande à la cuisine…

« La bonne cuisine est la base du véritable bonheur. »

Auguste Escoffier

Régime quand tu nous tiens

Ce couple s'installe confortablement à la terrasse du restaurant, prêt à savourer un repas délicieux. Avec le menu entre leurs mains, ils font leur choix en sélectionnant soigneusement les mets qui réveilleraient leurs papilles gustatives.

En entrée, ils optent pour un foie gras, suivi d'un succulent lapin à la sauce vin rouge en plat principal. Pour couronner le repas, ils commandent un tiramisu fait maison, dont la dernière cuillère est engloutie avec gourmandise par la cliente.

Morgane, attentive à leur confort, rafraîchit la table et pose la question incontournable :
— Souhaitez-vous un café pour terminer votre repas ?

Cependant, la réponse de la cliente prend tout le monde par surprise. D'un ton calme, elle rétorque :
— Oui, mais avec de la saccharine, je suis au régime.

Le grand voyageur

Un client est attablé à la terrasse et sirote son whisky préféré. Guy le connaissait bien, car c'est un habitué. Il s'approche de sa table pour le saluer et entamer une conversation amicale. Ils discutent du temps pluvieux, de sujets variés et anodins, faisant ainsi passer ce moment agréablement.

Soudain, sans que Guy s'y attende, il aborde le sujet des voyages. Avec un air d'excitation dans les yeux, il lui lance :
— Tu sais, j'ai parcouru le monde entier au fil des années. Parmi tous les pays que j'ai visités, celui qui m'a vraiment fasciné, c'est la Chine. Tokyo est une ville magnifique.

+ ou -

Une table de quatre qui habitent la commune demande l'addition. Et l'un d'eux rajoute :
— Pouvez-vous me faire 10 % sur l'addition s'il vous plaît ? Normal, entre voisins de quartier, on peut bien s'aider, non ?
— Bien sûr, monsieur, avec plaisir.

Et Guy rajoute 10 % sur l'addition du client.

Le client :
— Euh, non en moins !

Guy :
— Mais entre voisins de quartier, on peut bien s'aider, non ?

Ce client n'est jamais revenu.

Cuba Libre

Gérard vient de s'attabler et souhaite démarrer son dîner par un apéritif. Il demande conseil auprès de Tibo :

— Je vais prendre un Cuba Libre, que me recommandez-vous comme rhum ?

— Certainement monsieur, nous avons un excellent rhum produit en Guadeloupe, un dix ans d'âge de Cuba, un rhum ambré ou encore rhum noir offrant une merveilleuse essence tropicale.

— Ah ! Je vais prendre un gin.

La voix d'ailleurs

« *La Bonne Table* » a une cliente régulière répondant au nom de Conette. Et Conette a une passion pour les soirées dansantes. Chaque fois qu'elle vient dîner, elle exprime son enthousiasme en disant :

— Votre restaurant se prête bien pour faire des soirées dansantes et je serai une de vos fidèles clientes.

Une fois, deux fois, trois fois…

Intrigué par son insistance et désireux de satisfaire ses souhaits, Guy décide de mettre en place une soirée musicale pour divertir ses clients. Il engage une violoniste et un guitariste renommés dans la région pour animer la soirée.

La semaine suivante, la soirée arrive enfin. Le restaurant est décoré avec soin et les musiciens installent leur matériel de sonorisation. Les premiers clients commencent à affluer, attirés par la perspective d'une soirée mémorable.

Conette arrive, radieuse comme toujours. Guy l'accueille chaleureusement et lui désigne une table privilégiée pour qu'elle puisse profiter pleinement de la soirée. Elle commande un apéritif, à base de fruits frais, qu'elle apprécie tout en attendant impatiemment le début des festivités.

Les musiciens commencent à jouer. Les premières notes résonnent dans la salle, créant une ambiance festive. Conette semble ravie, elle est souriante et hoche la tête au rythme de la musique.

Au moment où le deuxième morceau allait commencer, Conette se lève subitement de sa chaise et quitte le restaurant sans prévenir. Perplexe, Guy se précipite à sa poursuite pour savoir ce qui n'allait pas.

Il la rattrape sur le pas de la porte et lui demande :
— Mais Conette, que se passe-t-il ? Vous sembliez tellement heureuse.
— Tout va très bien, cher Guy. La soirée est merveilleuse et les musiciens sont talentueux, mais il y a « *THE VOICE* » à la télé ce soir, et je ne veux pas rater ça.

Guy ne put s'empêcher de rire (jaune) devant cette situation inattendue. Conette, passionnée par les soirées dansantes, avait été charmée par la musique, mais elle avait une autre passion tout aussi débordante pour son émission télévisée favorite.

Cette anecdote devint rapidement une histoire drôle et répandue parmi les clients du restaurant. Désormais, chaque fois que Conette suggérait une soirée dansante, on lui rappelait joyeusement la fameuse soirée musicale où « *THE VOICE* » avait volé la vedette.

Le cocktail de crevette

Cette histoire se passe un soir de janvier 2019.

Un jeune homme, d'un peu plus de 20 ans, s'installe à une table en compagnie de sa petite amie visiblement du même âge.

Tibo leur donne les menus.

Le couple feuillette attentivement le menu, échangeant des regards complices tout en discutant de leurs préférences culinaires.

Après quelques minutes de délibération, ils semblent avoir fait leur choix. Cependant, quelque chose attira leur attention et ils interpellent Tibo.

— Dites, le cocktail de crevettes, c'est comme un smoothie ? Il y a de l'alcool dedans ? Vous mettez des glaçons ?

Tibo est légèrement surpris par ces interrogations, mais il sourit et répond avec enthousiasme :
— Le cocktail de crevettes est en fait une entrée à base de crevettes décortiquées, mélangées avec une sauce assaisonnée à base de mayonnaise, ketchup et moutarde. C'est servi froid, mais ce n'est pas du tout un smoothie et il n'y a pas d'alcool dans ce plat, c'est plutôt rafraîchissant.

Le jeune couple échange un sourire et paraît rassuré par ses explications. Ils hochent la tête et remercient le serveur pour les éclaircissements. Tibo note soigneusement leur choix, non sans pouvoir garder un sourire moqueur.

Lorsqu'il apporte le cocktail de crevettes à leur table, le couple le déguste avec délice. Ils apprécient chaque bouchée, en se lançant même dans une discussion sur les saveurs et les textures de la préparation.

Après avoir terminé leur repas, le jeune homme se lève pour régler l'addition. Il s'approche de Tibo avec un large sourire et lui dit :

— Merci pour tes explications. Nous avons adoré le cocktail de crevettes. C'était vraiment délicieux, même si ce n'était pas un cocktail comme nous l'imaginions.

Ce n'est pas du filet de bœuf 100% bœuf

Un client, soi-disant fin connaisseur de la gastronomie, est réputé pour adorer les bons repas et ne jamais rien laisser passer lorsqu'il est insatisfait.

Ce soir-là, il commande un filet de bœuf, sa viande préférée.

Lorsque Morgane lui apporte son assiette, le client l'examine attentivement avec un air dubitatif. Il dépose délicatement sa fourchette sur la viande, la regarde de plus près, fronce les sourcils et dit d'un ton légèrement contrarié :
— Excusez-moi madame, je ne peux m'empêcher de constater que ce filet de bœuf n'est pas 100 % pur bœuf. Il semble y avoir une petite quantité de gras autour de la pièce. Je m'attendais à une viande parfaite, sans aucun défaut.

Morgane est surprise par cette remarque précise et pointue. Elle reste calme et répond avec politesse :
— Je suis désolée pour ce problème. Je vais voir avec le chef, je reviens.

Morgane retourne en cuisine et explique la situation à Guy. Surpris par la plainte inhabituelle du client, il décide de refaire l'assiette.

Il découpe un autre morceau dans le même filet de bœuf et le prépare avec soin en veillant à retirer les quelques grammes de gras qui pouvaient subsister.

Lorsque Morgane apporte ce nouveau morceau de viande au client, il l'examine attentivement. Cette fois, un sourire satisfait se dessine sur son visage.

— Parfait ! C'est ce que j'attendais. Merci beaucoup.

Morgane, soulagée d'avoir pu satisfaire le client exigeant, répond avec un léger sourire :
— Je suis ravie que vous soyez satisfait. Si vous avez besoin de quoi que ce soit d'autre, n'hésitez pas à me le faire savoir.

Le voleur de PQ

Une anecdote qu'ils garderont en mémoire longtemps. Cela se passe le 22 mai 2023.

Un midi, pendant le service et tandis que le restaurant est animé par l'agitation des clients et le cliquetis des couverts, un homme entre et demande s'il peut utiliser les toilettes. Tibo, habitué à ce genre de demande, lui indique poliment le chemin.

L'homme disparaît dans les profondeurs du restaurant, mais il y reste plus longtemps que la plupart des clients. Intrigué, Tibo décide de garder un œil discret sur cette étrange visite.

Après un moment, l'homme ressort des toilettes, marchant d'un air nonchalant. Tibo le suit discrètement à distance et voit quelque chose de totalement inattendu : le client avait une énorme bosse sous sa veste, presque aussi grosse qu'un ballon de football.

Tibo est stupéfait. Qu'est-ce que cet homme peut bien cacher avec tant de précautions ? La curiosité le pousse à agir. Il s'approche du client, lui sourit et engage une conversation pour détourner son attention.

Profitant de la distraction, Tibo réussit à jeter un coup d'œil rapide à l'objet volumineux dissimulé sous la veste. Et là, il comprend avec stupéfaction que c'était... du papier toilette.

Tibo est abasourdi. Il ne peut pas comprendre pourquoi quelqu'un volerait du papier toilette dans un restaurant. Cependant, il garde son calme et continue à discuter avec le client, dissimulant son étonnement.

L'homme termine sa conversation avec Tibo et il quitte le restaurant.

Tibo se précipite immédiatement vers les toilettes pour vérifier les dégâts. Effectivement, il trouve le distributeur vide, sans aucun papier toilette restant. Le mystérieux voleur a vidé tous les rouleaux.

Tibo a du mal à contenir sa colère devant cette situation absurde et à saisir les raisons derrière un tel acte.

Le rince-doigt

Guy avait déjà entendu parler d'une affaire similaire il y a quelques années, mais n'en avait jamais été témoin directement. Ce fut chose faite ce soir d'hiver 2022.

À une table, six clients se régalent avec l'un des plats les plus populaires du restaurant. Un plateau de fruits de mer. Il est composé de crevettes, pinces de crabe, huîtres, bulots, palourdes et langoustines.

Pour permettre aux convives de se rincer les doigts après avoir savouré ces trésors de l'océan, Morgane, dépose une coupelle remplie d'eau et de citron sur la table.

Morgane, comme à son habitude, supervise la salle. Elle a un œil attentif sur tout ce qui se passe et est prête à intervenir auprès de sa clientèle.

Elle est stupéfaite par ce qu'elle voit et ne sait comment réagir. Une des clientes qui vient de terminer d'avaler la dernière crevette est en train de boire la coupelle d'eau citronnée.

Ben, pourquoi ?

En ce jour d'été 2018, un terrible orage éclate au-dessus du village. Les éclairs zèbrent le ciel, et le tonnerre gronde comme le rugissement d'un géant en colère. La pluie tombe en torrents, transformant les rues en véritables ruisseaux impétueux.

Les habitants du village sont habitués aux pluies occasionnelles, mais cette fois, la nature semble avoir décidé de déverser toute sa colère en une seule journée. Les rues se transforment rapidement en rivières. Les maisons se trouvant près de la rivière sont les premières touchées, leurs habitants sont contraints de se réfugier en hauteur.

Au milieu de ce chaos aquatique, le restaurant de Guy se dresse comme un phare au milieu de l'océan. Malgré les eaux tumultueuses et les rafales, le restaurant est étonnamment épargné.

Le personnel observe avec étonnement les inondations qui engloutissent les rues avoisinantes.

Alors que les pompiers s'activent pour aider les résidents en difficulté et pour rétablir l'ordre, une cliente fidèle du restaurant arrive, visiblement mécontente. Elle contemple les eaux qui montent autour d'elle, puis pose son regard sur le restaurant indemne. S'adressant à Tibo qui se tient à l'entrée, elle demande d'un ton irrité :
— Pourquoi vous fermez ? Vous n'êtes pas inondés, vous.

Tibo, souriant malgré la situation chaotique, tente de retenir un rire. Il explique poliment à la cliente que le restaurant est fermé pour des raisons de sécurité, car les routes menant au village sont coupées et les autorités recommandent à tout le monde de rester chez eux.

La cliente est un instant déconcertée, puis réalise finalement la situation. Elle rougit légèrement, gênée par son impatience dans un moment aussi critique.

— Euh ! Je suppose que j'ai parlé un peu trop vite. Prenez soin de vous, dit-elle en esquissant un sourire timide, avant de s'éloigner en prenant garde à ne pas se mouiller davantage.

La lutte impossible

Léon est un homme d'un âge avancé, au visage ridé, mais au sourire toujours présent. Il est connu pour sa gentillesse et sa convivialité, mais il a aussi une particularité bien à lui : il doit prendre des médicaments censés soigner sa maladie. Malheureusement, ils lui provoquent de fréquentes crises de somnolence.

Un samedi midi, il arrive à *« La Bonne Table »*. Il est accompagné de trois amis qui sont apparemment ravis de passer un moment agréable en sa compagnie.

La table est préparée avec soin et les convives s'installent confortablement, prêts à déguster les mets succulents proposés par le chef du restaurant. Tout se déroule à merveille, mais au moment où le serveur apporte les plats, Léon sent la somnolence s'emparer de lui. Il lutte pour rester éveillé, essayant de profiter de la compagnie de ses amis malgré cette sensation accablante. Il se lève et se dirige vers les toilettes.

Cinq minutes, Léon n'est pas de retour.

Dix minutes… quinze minutes…

Ses compagnons s'inquiètent de plus en plus. Ils se concertent pour trouver une solution à cette situation inconfortable.

Vingt longues minutes se sont écoulées et Léon n'est toujours pas revenu. L'atmosphère à la table est devenue pesante et une angoisse palpable règne dans le restaurant. Les amis de Léon sont à bout de nerfs. Le patron, les serveurs et les autres clients partagent cette inquiétude grandissante.

Guy décide d'envoyer discrètement Tibo aux sanitaires pour vérifier que tout allait bien.

En fin de compte, le serveur revient des toilettes, la bouille pâle et les yeux écarquillés. Il murmure quelques mots au patron, qui se précipite vers la table des convives. La surprise se lit sur son visage alors qu'il susurre à voix basse :
— Léon s'est endormi.

Un soupir de soulagement collectif se fit entendre lorsque Léon réapparaît finalement, légèrement désorienté.

Sushis à la demande

Pour varier sa carte, Guy a préparé une sélection de sushis pour proposer à sa clientèle en tant que suggestions du jour.

Rappelons que le sushi est un mets traditionnel japonais qui associe du riz délicatement cuisiné avec généralement du poisson cru ou des fruits de mer. On peut les agrémenter de sauce soja, de wasabi, ou encore de gingembre.

Il est 19 heures, Guy est fin prêt pour le service, avec une cinquantaine de sushis qui n'attendent plus que les convives. La salle se remplit peu à peu, les premiers clients prennent place.

La première commande est prise. Morgane se précipite en cuisine :

— Chef, il y a un client qui est végan et dans ses sushis, il ne veut ni poisson ni fruits de mer.

Pendant le service, Morgane revient encore deux fois avec des demandes spéciales :

— Chef, un client souhaite remplacer le saumon des sushis par du poulet.

Puis :

— Chef, un client aimerait que vous fassiez cuire le poisson des sushis.

Les demandes insolites de Jade s'enchaînent, et Guy se retrouve confronté à une situation inhabituelle. Depuis ce moment, il n'a plus jamais refait de sushis, gardant en mémoire cette soirée mémorable et mystérieuse.

Un petit cochon à ma table

C'était en 2018. Le restaurant commence à être réputé pour son atmosphère élégante et son service impeccable. Guy a orné les murs de tableaux d'artistes locaux et les nappes blanches sont dressées sur chaque table.

C'était au mois de juin vers 12 heures 30. Une belle journée ensoleillée s'annonce lorsqu'un homme, que nous appellerons monsieur Martin, franchit les portes du resto. Il est accompagné d'une charmante femme qui paraît faire une bonne dizaine d'années de moins que lui.

Vêtu d'un costume sombre et d'une cravate parfaitement assortie, il semble appartenir à la haute société. Son allure distinguée présage une expérience gastronomique raffinée.

Monsieur Martin est conduit près de la fenêtre, offrant une vue imprenable sur le jardin. Tibo, attentif et poli, s'empresse de lui présenter le menu. Mais dès le début, quelque chose laisse dénoter le comportement étrange de ce client.

Alors que les assiettes sont servis avec élégance aux tables voisines, monsieur Martin saisit sa fourchette et son couteau avec un style déconcertant. Il les agrippe avec une force excessive, comme s'il s'apprêtait à entamer une lutte acharnée contre son repas. Ses gestes brusques et peu délicats attirent l'attention du serveur.

Monsieur Martin commence alors à manger, ou plutôt à dévorer son plat, d'une manière qui laisse tout le monde sans voix. Il déchiquette la nourriture avec une voracité animale, laissant des morceaux éparpillés sur son assiette et sa nappe immaculée.

Tibo s'efforce de garder son calme, mais sa stupéfaction grandit à mesure que les minutes s'écoulent. Les regards des autres clients se mélangent entre la surprise et l'horreur devant cette scène peu commune. Les conversations se font plus discrètes, les chuchotements s'amplifient.

Monsieur Martin ne semble pas se rendre compte de l'agitation qu'il provoque autour de lui. Il continue de mastiquer bruyamment, de laisser échapper des sons indistincts entre deux bouchées, voire de parler la bouche pleine.

Tibo, pourtant accoutumé aux excentricités de certains habitués, est sidéré par l'absence totale de politesse et de retenue de cet homme.

Les mets délicats, préparés avec soin, perdent de leur éclat devant le comportement répugnant de monsieur Martin. Les saveurs raffinées se mêlent à l'atmosphère chargée de malaise. Les clients échangent des regards incrédules, certains décident même de quitter discrètement le restaurant, dérangés par cette scène pour le moins irréaliste.

Tibo, désormais déconcerté, essaye de poursuivre son service avec dignité malgré tout. Mais les vues réprobatrices ne produisent aucun effet sur monsieur Martin, qui continue son festin chaotique avec une indifférence presque provocatrice.

Enfin, lorsque le dessert est apporté, les vigilances se tournent une nouvelle fois vers monsieur Martin. À la surprise générale, il se met à devenir délicat. Il prend une cuillère qui porte tranquillement à sa bouche puis dépose ses couverts calmement sous l'attention médusée de sa belle blonde.

Le silence s'installe dans le restaurant, chacun attendant une explication à ce comportement étrange. Monsieur Martin essuie ses lèvres avec une serviette et lève les yeux vers Tibo en lui demandant la note.

Après avoir réglé l'addition, il se lève de table, laissant derrière lui un monticule de débris et de miettes.

Et tandis que le restaurant retrouvait peu à peu son ambiance chaleureuse, Tibo reprit son service avec encore plus de grâce et d'attention, déterminé à offrir à leurs clients une expérience culinaire véritablement raffinée et sans la moindre trace de porcherie.

Broderie et dentelles

Voici l'une des plus surprenantes situations que Guy a vécues. Ce soir-là, les clients affluent pour profiter d'une soirée agréable et d'une délicieuse cuisine. Un couple élégant entre dans l'établissement. La tenue chic que revêt la femme achève de lui conférer une beauté saisissante.

Comme le couple l'a demandé lors de sa réservation, Morgane les dirige vers une table discrète et légèrement à l'écart du reste des autres convives.

La compagne a choisi cet endroit stratégique pour profiter de son intimité. Une place de choix, près de la fenêtre, offrant une vue romantique sur le jardin.

Une fois bien installée, elle ôte sa veste pour révéler sa chemisette transparente laissant apparaître sa magnifique poitrine que la fine broderie et les quelques dentelles noires ne peuvent cacher.

Certes, Tibo est un serveur dévoué, professionnel et disponible, mais quand il s'approche de la table pour amener les menus et qu'il découvre cette femme accommodée de seulement quelques grammes de ce tissu affriolant, soyons clairs, il a du mal à garder son calme et à se concentrer sur son travail. Il trébuche sur une chaise, renverse un verre d'eau et bafouille lorsqu'il prend leur commande.

Le tandem, s'aperçoit la gêne de Tibo et s'échange un sourire complice. Elle, semble prendre un certain plaisir à installer cette situation délicate.

Sûrement par compassion, elle y met fin, revêtant sa veste, laissant néanmoins poindre un décolleté avantageux.

Le serveur, soulagé, retrouve peu à peu sa confiance et son sang-froid. Il reprend son rôle avec grâce et professionnalisme, prenant soin de satisfaire les demandes du couple avec le sourire. La femme, redevable de la discrétion de Tibo, lui fait un clin d'œil complice lorsqu'il apporte leur dessert.

La soirée se déroule dans une atmosphère légère et joyeuse. Le couple savoure chaque bouchée de leur repas, tandis que Tibo s'assure de leur offrir un service impeccable sans se laisser distraire par ce décolleté provocant.

À la fin de leur repas, Ils laissent un généreux pourboire à Tibo, reconnaissant de sa courtoisie et de sa façon de gérer la situation délicate.

« La Cuisine, c'est l'envers du décor, là où s'activent les hommes et femmes pour le plaisir des autres. »

Bernard Loiseau

Sauce gribiche, évidemment

Ce soir d'hiver, Guy propose en suggestion ses fameux pieds de porc, sauce gribiche.

Le restaurant n'est pas loin d'être plein et une table de convives attire l'attention par leurs éclats de rire. Parmi eux se trouve une curieuse cliente que nous nommerons Adèle. Elle est réputée pour son sens de l'humour décalé.

Tibo se charge de la commande de cette table. Adèle, un sourire malicieux aux lèvres, lui fait signe de se pencher délicatement plus près d'elle :

— Dites-moi, Tibo, les pieds de porc, c'est quelle partie de l'animal exactement ?

Tibo, légèrement perplexe, réfléchit un instant. Il réalise qu'il peut en jouer et répond avec un clin d'œil complice :

— Eh bien, chère Adèle, je suis ravi que vous posiez cette question ! Les pieds de porc, sauce gribiche, sont en réalité une partie très rare du porc. Vous voyez, les cochons ont quatre pattes, mais seulement deux d'entre elles sont spécialement réservées pour cette délicieuse recette. Ce sont des pattes magiques, garantissant une explosion de saveurs en bouche.

Adèle éclate de rire, suivie par ses amis. Tibo, continue son interprétation avec une grande assurance :

— Vous serez étonnée de savoir que les pieds de porc, et cette sauce cuisinée à partir d'œufs durs, de moutarde et de fines herbes sont un trésor culinaire gardé secret depuis des générations. Ils sont collectés avec précaution par une équipe de chefs intrépides. Ils partent à la recherche de ces précieuses pattes lors d'expéditions nocturnes à travers les champs.

Les convives, maintenant suspendus à ses lèvres, éclatent de rire en imaginant cette scène cocasse. Tibo continue, improvisant avec talent :
— Après avoir recueilli les morceaux de viande, ils sont délicatement préparés et mijotés dans une sauce gribiche secrète, qui est le résultat d'une recette ancestrale transmise de génération en génération. Les parfums se mélangent alors pour créer une explosion de saveurs inoubliable.

Les rigolades et l'amusement se répandent dans tout le restaurant alors que Tibo, de plus en plus inspiré, décrit les aventures fantastiques des pieds de porc. Les convives sont pliés de rire, imaginant les cochons aux pieds enchantés.

Finalement, Adèle, les larmes aux yeux, commande le fameux plat, impatiente de goûter à cette recette mystérieuse.

Adèle et ses amis se régalent du mets, savourant chaque bouchée en repensant au récit de Tibo.

Cette soirée reste gravée dans les souvenirs comme un instant de convivialité et de légèreté. Tibo, le serveur facétieux, continue à raconter ses histoires farfelues à d'autres clients, répandant la joie et l'amusement dans le restaurant.

Et ainsi, grâce à une simple question sur les pieds de porc, sauce gribiche, un soir ordinaire s'est transformé en un moment mémorable où l'humour et l'imagination se mêlèrent à la délicieuse cuisine du restaurant.

Sûrement pour que ça glisse mieux

À l'une des tables, ce couple épanoui partage un repas mémorable et leurs sourires témoignent du bonheur qui les enveloppe.

La soirée touche à sa fin et l'heure du dessert est venue. Ils ont déjà savouré chaque miette des plats exquis qui leur ont été servis, mais il reste une dernière douceur à déguster et ces délices bretons allaient clôturer cette expérience gastronomique en apothéose.

Ce seront deux kouign-amanns.

Tibo apporte et dépose les pâtisseries devant le couple, laissant flotter un instant la magie suspendue de ce moment privilégié. Les effluves sucrés chatouillent leurs narines, annonçant le ravissement gustatif à venir.

Mais alors que l'extase des papilles s'apprête à se prolonger, l'inattendu se produit. Le client, avec un air légèrement embarrassé, se tourne vers Tibo et lui demande :
— Pouvez-vous m'apporter un peu de beurre s'il vous plaît ? réclame-t-il avec une franchise aussi surprenante que charmante.

Le réflexologue fait des heures supp

Un couple élégant, d'une cinquantaine d'années, vient dîner. Appelons-les, monsieur et madame Dupont.

Les Dupont sont réputés pour leur finesse et leur éducation. Ce soir-là, ils décident de profiter d'un tête-à-tête, savourant chaque instant de leur soirée.

Ils s'installent à une table près de la fenêtre, où la douce lueur des bougies illumine leurs visages. Ils parcourent attentivement le menu, échangeant des regards complices et des sourires amoureux. Ils passent leur commande : une délicieuse entrée, un plat principal et un dessert gourmand.

Le repas se déroule sans accroc, chaque assiette étant appréciée avec délectation.

Les conversations empreintes de tendresse et de collusion se mêlent à l'ambiance feutrée du restaurant.

Les autres clients admirent le charme subtil de ce couple, qui semble s'épanouir dans chaque geste et dans chaque mot échangé.

À la fin du dîner, monsieur Dupont fait un signe furtif à la serveuse, lui indiquant de préparer une bouteille de champagne.

Morgane s'empresse d'apporter le champagne et le sert avec délicatesse dans des verres en cristal.

Quelques minutes plus tard, Morgane revient discrètement à la table pour s'assurer que tout se passe bien. Ce qu'elle voit la laisse sans voix. Madame Dupont a enlevé ses chaussures et posé ses pieds sur les genoux de son mari, qui s'applique à lui prodiguer un massage, avec une concentration absolue.

Morgane reste figée, ne sachant pas comment réagir en découvrant cette scène inattendue dans un restaurant aussi chic. Les autres convives jettent des regards étonnés, certains sourient discrètement, d'autres partagés entre la gêne et l'amusement.

En reprenant ses esprits, la serveuse retrouve sa voix et, avec un sourire timide, demande poliment si tout se passait bien.

Monsieur Dupont lève les yeux vers elle et en arborant un sourire sincère, il répond :
— Tout va à merveille, merci. Nous apprécions simplement ce moment de détente en fin de repas.

Morgane, encore un peu déconcertée, s'incline légèrement et s'éloigne de la table.

Les Dupont, eux, continuent de savourer leur champagne, ignorant les regards curieux autour d'eux. Ils semblent plongés dans leur propre bulle, leur passion et leur complicité.

Le repas se termine et le couple se lève avec grâce pour quitter le restaurant.

Les yeux discrets des clients et du personnel accompagnent leur départ, reconnaissant la beauté de l'amour qui peut se manifester dans les gestes les plus simples et les plus inattendus.

Barbecue party

Faisons connaissance avec Annie, qui nous confie cette anecdote. Elle se déroule dans un hôtel quelque part dans le sud de l'Europe en juillet 2020. Annie y occupe le poste de responsable clientèle.

À cette époque, la pandémie de COVID-19 fait rage dans le monde entier, et le confinement qui a commencé mi-mars s'est prolongé jusqu'à mi-mai 2020.

Les restrictions que nous avons subies ont été difficiles pour la plupart des gens, entraînant notamment des souffrances psychologiques.

Au début de la période estivale, certaines mesures ont été assouplies, permettant ainsi de retrouver une vie un peu plus normale.

Contre toute attente, les hôtels qui avaient proposé des offres de prix attractives pour emplir leurs chambres ont été littéralement pris d'assaut par les habitants locaux. Les avions, et donc les touristes, étaient encore rares à cette époque, et l'on ne les voyait qu'au compte-gouttes.

Et, c'est pendant cette période qu'Annie a pu observer des scènes hors du commun.

Les clients arrivaient à l'hôtel avec leur chariot rempli de courses qu'ils venaient de faire au supermarché du coin. Des barbecues étaient organisés sur les balcons de l'hôtel. Cela permettait aux occupants de passer un week-end sans avoir à quitter leur chambre. Ils pouvaient profiter, dans une certaine mesure, d'un séjour dans un hôtel luxueux.

Chaque personne a ses propres circonstances et motivations et il est compliqué de blâmer quelqu'un qui cherche du réconfort ou du plaisir pendant une période difficile.

« Si vous n'êtes pas capable d'un peu de sorcellerie, ce n'est pas la peine de vous mêler de cuisine. »

Colette

Ça s'est passé comme ça

Et il est certain qu'un bon nombre de restaurateurs, d'hôteliers et de cuisiniers ont entendu au moins une fois certaines de ces exclamations.

Une cliente :
— Je souhaiterais un cheeseburger, mais sans le pain.
— Bien sûr, donc vous voulez un steak haché avec du fromage, de la salade et de la tomate ?
— Non, un cheeseburger.

Et ce client qui commande aussi un cheeseburger.

Cinq minutes après, le plat revient en cuisine et Morgane indique :
— Il n'aime pas le fromage.

Août 2022, un client déjeune en terrasse, il s'adresse à Tibo :
— Tout était parfait, merci. Sauf qu'il fait une chaleur épouvantable. Vous devriez installer une clim pour le confort de vos clients.

— Je vais prendre le mijoté de l'océan avec le poisson et les fruits de mer.

— Bien madame.

— Mais dites-moi, ce n'est pas un peu trop dangereux de mettre des couteaux dedans ?

— Dites, le filet de poulet du menu enfant, il est cuit ?

Un client commande un tournedos Rossini.

Guy lui prépare et Morgane l'envoie.

Cinq minutes plus tard, l'assiette revient.

Morgane :
— Il veut que le tournedos soit coupé en fines lamelles.

— Je vais prendre la queue de lotte, sauce crémeuse au citron et estragon. De quoi est composée la sauce ?

— Vous pouvez doubler les quantités de la salade périgourdine ? Mais sans la doubler sur l'addition, hein ?

— Les œufs que vous utilisez pour faire vos omelettes, ils sont frais ?

— Comment souhaitez-vous la cuisson de votre tournedos ?
— Saignant d'un côté et bien cuit de l'autre.

— Bonjour, serait-il possible de réserver une table pour ce soir ?
— Bien sûr monsieur, à quelle heure souhaitez-vous dîner ?
— On sera là entre 19 heures 30 et 21 heures… environ.

Un homme réserve pour deux personnes, ce soir à 20 heures. Jusque-là, tout va bien.

Le couple entre dans le restaurant, il est 20 heures. Jusque-là, tout va bien.

Morgane, les guide jusqu'à leur table, et ils s'assoient. Jusque-là, tout va bien.

Avec un grand sourire, ils prennent le menu que la serveuse leur tend en même temps qu'elle leur demande s'ils souhaitaient un apéritif. Jusque-là, tout va bien.

Ils commandent un kir pour madame et un whisky pour monsieur. Jusque-là, tout va bien.

Morgane amène les deux apéritifs et des toasts. Jusque-là, tout va très bien.

Cinq minutes plus tard, Morgane retourne à la table pour noter la commande :
— Avez-vous choisi madame, monsieur ?

C'est là que ça ne va plus.

L'homme se lève de sa chaise. Sans un mot, sans un regard, il se dirige vers la porte d'entrée du restaurant et s'en va. On ne le reverra plus.

Quant à sa compagne, elle est restée dîner. Elle était détendue comme si rien ne s'était passé. La vérité est ailleurs…

Ramon appelle « La Bonne Table » pour une réservation de six personnes pour la semaine suivante.

Il indique que c'est l'anniversaire de sa femme et demande si l'on pouvait lui faire un gâteau. Guy lui répond :
— Certainement, Ramon, nous pouvons vous faire un gâteau. Que souhaiteriez-vous ?
— Une tarte Tatin, c'est faisable ?
— Oui, bien entendu.
— C'est gentil. Mais est-ce possible sans sucre ?

Une femme appelle pour réserver.

— Bonjour, je souhaite une table pour quatre personnes ce soir à 20 heures.
— Bonjour madame, je suis désolé, mais ce soir, nous sommes complets.
— Naaaan, mais j'y crois pas !

Elle fait un scandale pendant quelques secondes, non sans oublier de citer quelques noms d'oiseaux au passage, puis elle raccroche.

Tibo dépose l'assiette du client sur la table.

— Auriez-vous du sel, s'il vous plaît ?
— Bien sûr, monsieur.

Il lui apporte la salière. Il s'en sert généreusement.

Quinze secondes plus tard :
— Monsieur, ce plat est trop salé.
— Mais monsieur, vous m'avez demandé du sel et vous en avez mis sur votre plat qui en contenait déjà.
— Ah, ben, je ne savais pas !

Nathalie interpelle Morgane :
— Je dois faire attention, je suis allergique au poisson.

Morgane lui indique qu'elle trouvera son bonheur dans le choix que propose le restaurant. La cliente passe commande.

— Je vais prendre un tartare de thon.
— Mais Nathalie, vous m'avez dit que vous étiez allergique au poisson.
— Ben, le thon… c'est pas du poisson !

Cette cliente accompagnée de deux de ses amies commande une dorade et elle précise :
— Je ne veux pas voir la tête, ni les arêtes, ni la queue et encore moins la peau. Je ne veux pas avoir l'impression de manger du poisson.
Le serveur a craqué :
— Nous avons un excellent filet de poulet sans tête ni queue, ça ne vous ferait pas plus plaisir ?

La cliente l'a mal pris.

Robert qui célèbre ses 82 printemps, se prépare à souffler les bougies du gâteau que vient de lui apporter Morgane.

« 1, 2, 3 ! » Et son dentier sort de sa bouche pour atterrir en plein milieu de la table.

Grand moment de solitude.

En général, dès qu'il le peut et aussi souvent que possible, Guy quitte sa cuisine pour aller voir si tout s'est bien passé auprès de ses clients. Il parle de tout et de rien, fréquemment de gastronomie.

Le client :
  — Quel est votre cuisinier de référence ?

Guy :
  — Il y en a beaucoup, mais je ne peux m'empêcher de penser à Paul Bocuse.
  — Ce n'est pas le meilleur. Je préfère Maïté.

— Je suis végétarien, est-ce que je peux manger vos frites ?

— Les toilettes s'il vous plaît ?
— Au fond du couloir à gauche.

Le client s'y dirige. Il revient une minute plus tard.

— Vous n'avez pas de W.C. pour personnes handicapées ?
— Pas pour le moment, les travaux pour ces installations sont prévus et débuteront cet été.
— C'est très ennuyeux, j'ai une phlébite.

— Monsieur, avez-vous fait votre choix ?
— Je vais prendre une bavette à l'échalote.
— Très bon choix, quelle cuisson souhaitez-vous ?
— Saignante, mais... je ne veux pas voir de sang...

— Avez-vous fait votre choix pour les desserts ?
— Oui, je vais prendre une Dame Blanche, mais sans chocolat chaud, sans la meringue et pas trop de chantilly.

Il est 23 heures 30. Les derniers clients viennent de partir. Ce soir, le restaurant a affiché complet. Guy et son équipe sont épuisés.

Ils terminent de ranger la salle lorsqu'un homme passe sur le trottoir et interpelle Guy.

— Il paraît que vous faites quelque chose de bien ici. Vous jouissez d'une certaine réputation.
— Merci, monsieur, c'est gentil.

L'individu décide alors de réserver une table, mais il insiste sur le fait qu'il est un fin gourmet et un connaisseur en gastronomie. Il se croit même obligé d'ajouter que ses deux fils travaillent comme chefs de cuisine dans des restaurants étoilés de la capitale.

Ça met une sacrée pression, juste après le service. Elle qui venait tout juste de redescendre un peu.

— Eh bien, monsieur, vous feriez mieux de ne pas venir manger ici ! Vous risquez d'être déçu. Je propose une cuisine simple et j'essaie de la présenter de la meilleure façon possible.
— Bon OK, mais je vais quand même venir tester.
— Ici, on ne teste pas. On s'assoit, on déguste et l'on passe une belle soirée avec son épouse dans un cadre agréable. Il n'est jamais venu « tester ».

Il est certain que tous les serveurs ont eu un jour cette demande :

— Je vais vous prendre un kir nature.

Un verre de vin blanc quoi…

— De quoi est composée votre assiette campagnarde que vous proposez en entrée ?
— Pâté de campagne, pâté de foie, du saucisson, du jambon cuit et du jambon cru, une caillette, un peu de rillettes et nous y ajoutons un toast de foie gras.
— Très bien, je vais prendre ça. Par contre, ne mettez pas le foie gras. C'est vraiment trop gras pour moi.
— Très bien monsieur.

Morgane amène l'entrée au client et il ne se passe pas une minute avant qu'il ne l'interpelle.

— Pouvez-vous m'amener du beurre s'il vous plaît ?

— Bonjour, je souhaiterais faire une réservation.
— Bonjour monsieur, bien sûr.
— Une petite question, vous acceptez les chiens ?
— Je suis désolé monsieur, mais à la suite d'une inspection sanitaire il y a quelques mois, nous ne sommes plus en mesure

d'accueillir nos amis les animaux en raison de l'agencement de la salle.

— C'est un véritable scandale. J'appelle tout de suite Brigitte Bardot.

Et il raccroche.

Fabrice et Malvina ont choisi le menu cinq plats et pour l'accompagner, ils optent pour cet excellent vin rouge que le restaurant propose à la carte et une bouteille d'eau.

Ça s'agite en cuisine pour préparer la première entrée tandis que Morgane sert les deux verres d'eau et les deux verres de vin.

Après le rituel de la dégustation hédonistique, Malvina interpelle Morgane :
— Pourrait-on avoir quelques glaçons ?
— Bien sûr, je vous amène ça tout de suite.

Quelques secondes plus tard, Morgane dépose le récipient sur la table remplie de cinq ou six cubes de glace.

Et, très délicatement, Malvina en prend deux pour les mettre dans son vin rouge…

— Les framboises dans le framboisier, ce sont des framboises fraîches ?

Quatre personnes s'assoient à l'une de ces tables en terrasse sans prendre la peine de lire l'offre gastronomique affichée à l'entrée du restaurant.

Ils consultent le menu que Morgane vient de leur confier. Quelques instants après, ils se lèvent et l'un d'entre eux dit :
— Excusez-nous, mais on ne peut pas rester, y a pas de pizza.

— Avez-vous des plats sans gluten ?
— Bien sûr, madame.

Morgane lui remet une liste spéciale détaillant l'offre que le restaurant propose aux personnes intolérantes au gluten.

Pendant que la cliente examine le menu, Morgane lui dit :
— Cela doit être pénalisant de ne pas pouvoir manger tout ce que l'on veut. J'espère que vous n'en souffrez pas trop ?
— Mais non, je n'ai rien du tout. C'est mon médecin qui m'a dit de ne plus manger de gluten.

Comme à mon habitude, Guy sort de sa cuisine pour aller saluer ses convives. Il termine sa tournée par Arnaud et sa femme Béatrice.

— Bonsoir Béatrice, bonsoir Arnaud, tout s'est bien passé ?
— Comme toujours, c'était exceptionnel.
— Merci, Arnaud.
— Sauf que la queue de lotte..., elle était divine, hein..., mais elle n'avait pas la même saveur que la dernière fois.
— Vous savez, Arnaud, c'est possible. Tout est fait maison, donc il tout à fait probable qu'il y ait de légères différences de goûts et de saveurs de temps en temps. Je n'ouvre pas de boîtes et je ne réchauffe rien au micro-ondes.
— Et ben, vous devriez !

Voilà, prends ça dans tes dents.

Je suis certain que cette question est familière à tous les restaurateurs :
— Que me conseillez-vous, tout est bon ?

— Je vais prendre le rôti de porc. Saignant...

— Je vais prendre le cochon.

— Très bon choix monsieur. Filet mignon de porc cuit à basse température, jus de viande corsé, petits oignons et carottes glacés sur une purée de pommes de terre maison à la truffe fraîche.

— Y a pas de frites ?

— Je vais prendre un steak tartare... bien cuit, s'il vous plaît.

Dix-huit heures quinze. Comme tous les soirs, l'équipe de « *La Bonne Table* » arrive au restaurant pour préparer l'ouverture. Tout le monde s'affaire à sortir les tables et les chaises pour les disposer sur la terrasse.

À peine deux ou trois chaises sont sorties qu'une voiture se gare sur le parking. Quatre personnes en descendent et se dirigent en direction de Guy et l'interpelle :

— On peut dîner, on est quatre ?

Guy est consterné et leur répond :

— Bien sûr, installez-vous. Ils regardent autour d'eux, grognent un peu dans un dialecte qui leur est propre, puis repartent aussi rapidement qu'ils étaient venus.

— Je vais prendre un steak tartare.

Tibo dépose l'assiette sur la table en face du client. Il s'écrie :
— Mais, c'est cru !

— Bonjour Tibo, que me conseillez-vous aujourd'hui ?
demande Catherine.
— Question difficile, Catherine, tout ce qui est à la carte,
ainsi que les préconisations que nous proposons aujourd'hui,
sont excellent.
— Ça m'étonnerait !

Un couple s'installe. L'homme adopte une attitude étrange. Il
se cogne contre l'un des pieds de la table, a du mal à s'asseoir
et bégaye. Il éprouve des problèmes à lire le menu.

Si au moins, il l'avait mis à l'endroit…

Soudain, il se lève brusquement de table et prononce avec
difficulté ces quelques mots :
— S'cusez-moi, on part, j'suis trop bourré.

— Les toilettes, s'il vous plaît ?

— Au fond du couloir et tout au fond à gauche.

Le client se dirige vers le fond du couloir, évidemment tourne à droite et se retrouve en plein milieu de la cuisine parmi le personnel en plein travail.

Sur l'ardoise de ce midi, le chef propose une entrecôte sauce marchand de vin, accompagnée de pommes de terre au four et de légumes sautés au wok.

Sept personnes s'installent autour d'une table. Toutes commandent la suggestion du jour.

La commande arrive en cuisine :

> *- Une entrecôte bleue, sans les légumes, mais avec deux fois plus de pommes de terre*

> *- Une entrecôte saignante sans la sauce. Juste de la mayonnaise*

> *- Une entrecôte bien cuite et seulement quelques feuilles de salade*

> *- Une entrecôte à point avec une noisette de beurre et un peu d'ail ciselé. Pas de pommes de terre, que les légumes, cuits à la vapeur si possible*

- Une entrecôte saignante, mais découpée en lamelles avec les pommes de terres en dessous

- Une entrecôte bleue. La sauce, les pommes de terre et les légumes à part dans une autre assiette

Soudain encore un qui ne fait pas comme les autres.

- Une entrecôte marchand de vin, cuisson saignante, les pommes de terre au four et les légumes sautés

— Je vais prendre le ris de veau, mais je voudrais des frites à la place du ri…z…s.

— Vous mettez de la salade dans la salade César ?

Ce n'est pas mieux que ce client qui sirote un drink en attendant son œuf mayo. Il s'adresse à Tibo :
— Ne mettez pas trop d'huile dans la mayonnaise.

— Quel plat est bon dans votre menu ?

— Je vais prendre le filet de bœuf Wagyu.

— Quelle cuisson souhaitez-vous, Bleue, saignante, à point ?

— Bien cuit.

— Monsieur, je souhaite vous conseiller une autre cuisson avec une viande de cette qualité. Une cuisson bien cuite va durcir la viande.

— Oui, mais non ! Je mange la viande bien cuite.

— Très bien, monsieur.

Morgane dépose le filet de bœuf devant le client. Deux minutes s'écoulent et le client l'interpelle :

— Mon filet de bœuf est trop dur.

— Mais monsieur, je vous ai conseillé de ne pas choisir une cuisson trop cuite.

— Oui, mais il est trop dur !

— Je vais prendre la friture d'éperlan.

— Très bien, madame.

— Mais est-il possible de les faire au four, j'ai quelques problèmes de digestion ?

— Euh… certainement, madame.

— Merci. Avec ça, mettez-moi une portion de frites avec du ketchup et de la mayo.

Il y a aussi ces clients qui pensent être seuls au milieu de nulle part et qui utilisent leur téléphone portable à tue-tête pour passer un coup de fil… regarder des vidéos… Écouter de la musique… faire une cam…

Ces gens qui se promènent dans la rue, qui entrent dans le restaurant, ils ne demandent rien à personne et qui se dirigent vers les toilettes.

Ces trois clients qui entrent dans le restaurant avec leurs pizzas et demandent où ils peuvent s'asseoir pour les manger…

Cette table de quatre personnes qui commande un hamburger à partager et une grande bouteille d'eau plate.

Cette anecdote se déroule dans un bar en bord de plage. À l'intérieur, il n'y a ni table ni chaise, seulement un comptoir destiné principalement à la caisse enregistreuse et à la mise en attente des plats à servir en terrasse.

Une touriste qui revient de la plage s'assoit à l'une des tables de la terrasse. Visiblement, elle est gênée par son maillot de bain encore trempé. Ni une ni deux, elle se précipite à l'intérieur du bar pour se changer et, à la surprise générale, elle se met entièrement nue au milieu des employés et de quelques clients qui se trouvaient là.

La cliente parcourt attentivement le menu, lorsque le serveur, s'approche d'elle et lui demande :
— Madame, avez-vous fait votre choix ?
— Oui, je vais prendre un filet de maquereau.

Tibo prend note de sa commande et retourne à ses autres tâches. Quelques minutes plus tard, la cliente commence à déguster son plat de poisson.

Au bout d'une minute, elle lève la main pour attirer l'attention de Tibo :
— Monsieur, il y a des arêtes dans mon plat.
— C'est fort possible, madame. Après tout, il s'agit de poisson, répond-il, légèrement agacé.
— Peut-être, mais je ne supporte pas les arêtes dans le poisson.

— Je vous propose d'aller manger un « sandwich au fish » dans le fast-food voisin, il est réputé être sans arête. La cliente est partie.

Un vacancier toulousain tout juste arrivé ce matin-là pour une semaine de villégiatures loin de sa terre natale entre dans le restaurant avec un espoir certain dans les yeux. Avec un large sourire, il demande :

— Bonjour, faites-vous du cassoulet ?

— Ah, non monsieur ! Je me concentre uniquement sur les spécialités de la région. Nous avons une sélection de plats locaux.

— Et sur réservation, vous pouvez m'en faire ?

— Euh non ! Je suis désolé, même sur réservation, je ne fais pas de cassoulet.

Le vacancier, visiblement contrarié, repart en colère.

Éric vient de recruter un extra pour la saison. Il est jeune, mignon et sympa. Mais son premier jour de travail se révèle être un fiasco. Les commandes arrivent en cuisine et rapidement l'équipe se rend compte que ce petit jeune ne sait ni lire ni écrire.

Et la dernière qui est arrivée hier soir (24 juillet 2023). Dix-neuf heures, une jeune femme entre dans le restaurant.

— Vous êtes ouvert ?
— Bonjour madame, oui bien sûr, nous sommes ouverts.

Et elle repart comme elle est venue.

« De tous les arts, l'art culinaire est celui qui nourrit le mieux son homme. »

Pierre Dac

Chantage, tu ne passeras pas

Monsieur Kremer souhaite dîner à « La Bonne Table ». Il demande à la réception de son hôtel de lui réserver une table pour deux pour le soir suivant, le mardi 26 mars 2019.

Monsieur Kremer est à l'heure. Il est accompagné d'une ravissante jeune femme d'une trentaine d'années. Son élégant chapeau laisse entrevoir une belle chevelure blonde. Son style vestimentaire n'est pas en reste et l'habille à ravir.

Contraste saisissant avec son partenaire, qui a une soixantaine d'années bien enclenchées, car lui, il est petit, il frise l'obésité, il porte une grosse paire de lunettes vintage qui ne lui vont pas du tout et l'expression de son visage ne reflète rien de bien sympathique. Sa chevelure rousse, terne et plaquée à la gomina n'arrange en rien son apparence.

Son air hautain et la manière dont il se manifeste finissent par définir le personnage avec qui, toute l'équipe le sait déjà, va leur donner du fil à retordre.

En entrée, il prend un foie gras, pour suivre, une assiette de l'océan composée d'un filet de merlu, de moules, de coques, du calamar, des crevettes et de pommes de terre en accompagnement. Le tout mijoté dans une sauce aux fruits de mer et une belle mirepoix de légumes.

Quant à sa compagne, elle se contente d'un foie gras.

Guy prépare les foies gras. Morgane les sert.

Quinze minutes plus tard, monsieur Kremer a terminé son plat. Madame fait durer le plaisir. Rituellement, Morgane demande si tout s'est bien passé. Et monsieur Kremer indique que ce n'était pas satisfaisant, que ce n'était pas du tout ce qu'il attendait et que c'était « très pauvre ».

Inutile de vous dire que la pression monte en cuisine, il faut s'accrocher et être fort dans sa tête pour continuer sereinement le service. D'autant plus que jamais, ô grand jamais, le foie gras de Guy n'avait jamais été critiqué négativement.

Bref, Guy prépare le mijoté de l'océan et Morgane la lui apporte. Madame termine les dernières bouchées du foie gras qui lui reste.

Une fois que monsieur Kremer a fini, Morgane se rend à sa table et pose une nouvelle fois la question rituelle. Et là, surprise (ou sans !), il prétend pour la deuxième fois que ce plat était « très pauvre », et vraiment très loin de ce qu'il avait imaginé.

Notez que l'assiette de foie gras ainsi que le mijoté de l'océan sont revenus complètement vides.

De son côté, Guy commence à bouillir dans sa cuisine. Il respire bien profondément, improvise une séance rapide de yoga et décide d'aller voir ce qui n'a pas fonctionné avec ce client. Monsieur Kremer confirme ce qu'il vient de dire auparavant.

Tout était sans goût, sans attrait particulier, les proportions étaient minuscules, et d'une façon générale, tout était « très pauvre ». Il a vécu une mauvaise expérience, et seul le vin était très bon.

S'ensuit un instant que l'équipe n'est pas près d'oublier. Monsieur Kremer sort son téléphone portable et indique qu'il se trouve sur l'une des plateformes d'avis les plus populaires du moment.

Il dit :
— Vous devez entendre, vous devez savoir écouter. J'ai beaucoup d'influence sur ce site d'avis. Il faut que vous compreniez.

Guy réalise ce qu'il se déroule. Monsieur Kremer est tout simplement en train de lui faire du chantage. Soit Guy pige vite fait et tout se passera bien, soit le client paye son addition normalement et il mettra une mauvaise opinion sur la plateforme.

Magnifique acteur et belle pièce de théâtre depuis son entrée dans l'établissement, mais il est hors de question de céder à toute pratique d'extorsion. Guy le regarde avec une certaine déconsidération et dégoût puis retourne dans sa cuisine.

Monsieur Kremer s'empresse alors de se lever de sa chaise pour se diriger vers le bar ou Morgane se tient. Il réitère les mêmes provocations qu'il vient d'infliger à Guy, toujours avec son téléphone portable dans les mains, l'écran figé sur son profil.

Morgane lui présente son addition. Il la paye en ronchonnant et part sans autre mot. Sa compagne laisse apparaître un regard dégoûté et résigné, comme si elle avait l'habitude, mais qu'elle ne pouvait rien faire.

Ce qui devait se produire arriva et ça n'a pas tardé. Le lendemain, le verdict tombe : une étoile (horrible), accompagnée d'un très long texte reprenant minutieusement tout ce qu'il avait dit la veille.

Un avis qui vient de toucher l'équipe de plein fouet. Guy est abattu. Comment une personne peut-elle avoir autant de toupet ?

Le temps de se ressaisir et de digérer, Guy a déposé une réclamation auprès de la plateforme d'avis en ligne qui a vraisemblablement mené une enquête et supprimé cet avis dans les trois jours qui ont suivi. En parcourant Internet, on peut constater que de plus en plus de personnes adoptent ces habitudes sans scrupules pour « bouffer gratuitement ». Et parfois, cela fonctionne.

Changement de menu

Janvier 2019. Un couple inconnu de « La Bonne Table » entre dans le restaurant.

Il s'installe, et Tibo présente le menu. Madame choisit une délicieuse ballottine de volaille aux champignons et jambon de pays, tandis que monsieur opte pour le classique steak-frites.

Tout se déroule à merveille. Ils sont même très sympathiques, ce qui pousse Guy à entamer une discussion à la fin du repas. Ils habitent non loin de là et promettent de revenir, car ils ont passé un moment gastronomique très agréable. Dans la conversation, Guy comprend qu'ils se prénomment Patrick et Isabelle.

Février 2019. Patrick et Isabelle sont de retour. Guy est ravi de les revoir et leur souhaite poliment la bienvenue. Le serveur prend leur commande. Isabelle se laisse tenter par un canard confit, sauce au poivre vert, tandis que Patrick persiste dans son choix pour le steak-frites. Comme à son habitude, Guy vient tailler un petit brin de causette avec eux dès qu'il a pu se dégager de sa cuisine.

Mars 2019. Il semblerait que cela soit devenu un rituel, car en ce dimanche de mi-mars, Patrick et Isabelle arrivent à « La Bonne Table ». Cette fois, Isabelle a une grosse envie de queue de lotte à la crème de citron et estragon. Quant à Patrick, il se laisse tenter par… un steak-frites. Une fois de plus, ils passent un agréable moment à discuter en fin de repas.

Avril 2019. Patrick et Isabelle sont de retour. Guy s'en réjouit d'autant plus qu'une certaine affinité s'est installée entre eux.

Isabelle décide de commander le tartare de thon au guacamole, tandis que Patrick, lui, préfère toujours son fidèle steak-frites.

Comme d'habitude, Guy vient les saluer. Patrick l'interpelle :
— Tu sais, il faudrait un peu varier ta carte.

Guy le regarde pour le moins légèrement surpris, et lui répond que cela est prévu pour la durée du printemps et de la belle saison qui arrive.

Un dimanche de mai 2019. Isabelle se délecte d'un des mets que Guy a cuisinés, tandis que Patrick savoure, une fois de plus, son steak-frites.

Juin 2019. Patrick devrait être content, car le menu a changé et quelques plats, plus en accord avec les périodes estivales qui se profilent, sont désormais disponibles.

Dimanche 16 juin 2019. Patrick et Isabelle s'installent et lisent attentivement le nouveau menu qui vient de leur être présenté. Pour Isabelle, ce sera la salade périgourdine, et pour Patrick… le steak-frites.

Juillet, août, septembre, octobre, novembre et décembre 2019, Patrick et Isabelle sont restés fidèles à « La Bonne Table ». Isabelle se fait constamment autant plaisir avec les différents choix proposés, tandis que Patrick est toujours resté adepte du steak-frites.

Il n'y a pas eu un seul mois sans qu'ils viennent au moins un dimanche. Et celui qui demandait de changer la carte il y a quelques mois, prend systématiquement son steak-frites.

Tibo vs Rossini

Il est 13 heures, la salle du restaurant est remplie.

Monsieur et madame Moreau entament leur plat principal après s'être régalés de leur foie gras et d'une douzaine d'huîtres. L'ambiance est agréable, chacun semble satisfait de ce moment de détente gastronomique.

Monsieur Moreau découpe un beau quartier dans son pavé de bœuf Rossini, tandis que madame déguste sa sole meunière. Les discussions animées résonnent dans la salle, mêlées aux bruits des couverts qui s'entrechoquent. Les convives savourent chaque bouchée, ignorant les événements dramatiques qui se profilent.

Soudain, un silence oppressant envahit la pièce lorsque monsieur Moreau avale un bout de viande beaucoup trop gros et commence à s'étouffer. Le regard affolé de madame Moreau en dit long sur la situation critique à laquelle ils sont confrontés.

L'énorme morceau obstrue ses voies respiratoires. Il ne parle plus et ne respire plus correctement. La panique se propage et l'atmosphère qui était si détendue quelques instants plus tôt se transforme en une tension palpable.

Heureusement que Tibo, est un ancien de la brigade des sapeurs-pompiers de Paris.

Il y est resté cinq ans et s'est maintenant reconverti dans la restauration. Intuitivement, il se précipite vers le client en détresse. Tibo n'hésite pas une seconde, car son instinct de secouriste est toujours présent en lui.

Avec calme et rapidité, Tibo réalise la méthode d'Heimlich*, qu'il a pratiquée maintes fois lors de ses années passées à la brigade. Les gestes précis et assurés de cet ancien pompier guident chacun de ses mouvements. Les regards anxieux des clients se tournent vers cette scène digne d'un film, où la vie de monsieur Moreau est en jeu.

Après quelques instants d'angoisse, le morceau de viande se désengage enfin, libérant les voies respiratoires de monsieur Moreau. Un soupir de soulagement parcourt la salle, suivi d'un tonnerre d'applaudissements pour Tibo.

Les convives, témoins admiratifs de cet acte héroïque, comprennent que sans l'intervention habile et courageuse de cet homme, le drame aurait été inévitable.

Les secours sont alertés et une ambulance arrive rapidement. Les professionnels de la santé prennent en charge monsieur Moreau, et lui prodiguent les premiers soins nécessaires. Tibo reste à ses côtés, lui apportant un soutien moral et veillant à ce que tout se déroule pour le mieux.

L'assemblée, encore sous le choc, assiste impuissante à ce dénouement. Les conversations se font discrètes, chacun réalisant la fragilité de l'existence et la chance qu'ils ont eue ce jour-là. L'atmosphère est empreinte de gratitude envers Tibo et de respect pour les sapeurs-pompiers, qui, à chaque moment, risquent leur vie pour sauver celle des autres.

La victime est finalement transportée à l'hôpital pour des examens approfondis, mais la menace est écartée grâce à l'action rapide et efficace de Tibo.

Cet événement tragique aurait pu avoir une issue bien différente sans l'intervention de Tibo, rappelant à tous que les héros se trouvent souvent là où on les attend le moins.

** C'est un chirurgien américain, Henry Heimlich, qui décrit cette manœuvre en 1974. L'objectif de cette technique manuelle sert à déloger un objet coincé dans la gorge d'une personne (aliment ou autre) et qui l'empêche de respirer. La manipulation provoque une augmentation de la pression de l'air intrathoracique. Le diaphragme va se soulever permettant, par un effet brutal, d'évacuer l'air des poumons.*

Les escapades de Guy Demiche

Découvrez des histoires vécues au cours des voyages que Guy a pu effectuer au gré de ses déplacements lors de vacances ou de week-ends.

1 – C'était en 1993 ; Guy recherchait un local à reprendre pour y créer son nouveau restaurant. Son choix à l'époque s'était dirigé dans le département de la Côte-d'Or. Ce jour-là, il est 13 heures et son estomac le rappelle que l'heure du déjeuner approche à grands pas. Il décide de s'arrêter dans cette auberge au milieu des vignes bourguignonnes.

Accompagnés de son épouse, ils pénètrent dans l'établissement. Ils sont accueillis par la maîtresse des lieux qui les installe. Ce restaurant est magnifique. Les chaises tapissées sont luxueuses et les tables sont dressées et tirées à quatre épingles. La décoration est riche de tableaux rappelant la vie des viticulteurs et des chasseurs du siècle passé.

Le garçon de salle amène les menus tout en demandant ce qu'ils souhaiteraient boire.

Ils commandent une entrée et un plat chacun tout en dégustant leurs deux apéritifs qui venaient d'être servis.

L'ambiance est sympathique. Trois autres tandems les accompagnent dans ce moment gastronomique.

Quinze minutes plus tard, un couple d'un certain âge arrive dans le restaurant. L'accueil amical de la patronne laisse à penser que ce sont des habitués. Elle les guide à leur table. Ce que Guy et sa compagne ne voient pas tout de suite, c'est que ce couple est escorté d'un petit chien ressemblant, à quelque chose près, à un caniche.

Le plus surprenant, c'est que le toutou à papy et mamy se retrouve à table, assis sur une chaise avec une serviette autour du cou. Une écuelle d'eau à la place de l'assiette.

Guy et son épouse se scrutent à deux reprises. Sont-ils victimes d'hallucinations provoquées par des champignons ramassés dans la campagne bourguignonne et savamment cuisinés par le chef ?

Non, il y a bien un caniche assis à la table en face d'eux, une serviette autour du cou, en train de boire son eau fraîche.

Guy regarde sa femme, stupéfait. Il acquiesce silencieusement en jetant les yeux vers le ciel, puis ils continuent à déjeuner.

Le clou du spectacle se produit lorsque mamy donne à manger au caniche en piochant dans son assiette et en nourrissant l'animal à la fourchette. Il est plus que probable que le toutou n'a pas eu sa ration matinale de ses croquettes préférées.

Par son métier, Guy est du genre plutôt tolérant, mais quand même, c'en était un peu trop pour lui. Ils ont terminé leurs desserts et se sont éclipsés rapidement.

2 – Pour rester encore dans le milieu canin.

Un autre restaurant, un autre endroit, mais cette fois le bébé Chihuahua est douillettement installé dans une poussette d'enfant. Elle est placée entre les chaises du couple et quelques jouets qui font coin-coin ou différentes friandises en corne de buffle jonchent l'intérieur du couffin. Why not !

3 – Ça peut faire rire quand on regarde un sketch de Benny Hill à la télévision, mais lorsque vous vivez cette situation, il y a un léger malaise qui s'installe. Guy est en train de dîner avec son épouse dans un restaurant de la capitale. Tout se passe à merveille jusqu'à ce que la jeune et jolie serveuse apporte un plat de poisson que la table d'à côté vient de commander.

Une petite altercation entre deux enfants à une table voisine l'a fait sursauter et par maladresse, elle renverse accidentellement l'assiette sur un habitué.

Les yeux écarquillés, elle s'excuse profusément. Le client, surpris et un peu choqué, reste quelques secondes inerte, puis éclate de rire, dissipant la tension et créant un sentiment de légèreté.

— Ne vous en faites pas, mademoiselle. Ces choses arrivent. C'est peut-être ma chance de goûter à un poisson volant, ajoute-t-il.

La serveuse, soulagée de la réaction positive du client, s'empresse d'essuyer les vêtements tachés par le poisson renversé et de présenter des regrets une fois de plus. Mais il la rassure en lui disant :

— Il n'y a pas de problème, c'est un petit incident sans importance.

Il y en a qui sont cools quand même.

4 – Cette scène surréaliste a laissé Guy sans voix.

Elle se déroule dans un petit restaurant de province. L'endroit est charmant et élégant, ce qui a poussé immédiatement Guy à s'y installer.

Il prend place confortablement et pendant qu'il lit le menu apporté par le serveur, une famille entre à son tour et choisit une table à quelques mètres de la sienne.

La tribu est complète, avec papa, maman, leurs deux enfants, papy et mamy. Très rapidement, Guy commence à ressentir les premiers signes de turbulence des deux bambins. Ils n'ont pas plus de 10 ans.

Le serveur apporte les menus à cette table et lance un regard à Guy qui voulait dire, à quelque chose près : « Je pense que nous allons passer un moment difficile. »

Papy et mamy lisent attentivement leur menu. Quant à papa et maman, ils ont de plus en plus de mal à gérer le comportement de leurs enfants, disons, un peu dissipés.

Enfin, ils font leur choix. Steaks-frites pour tout le monde ! Les deux anges se lèvent alors et amorcent une virée au milieu des autres tables.

Étonnamment, cela ne semble pas déranger leurs parents, qui ne se rendent pas compte du désordre qui s'installe dans la salle.

Guy commence à être agacé, mais heureusement, le serveur apporte les six steaks-frites. Un moment de répit pendant le repas ne serait pas de refus.

Mais non ! Les deux enfants décident soudainement de ne pas vouloir manger. Ils quittent la table et continuent à déambuler autour des clients en criant de plus en plus fort. C'est à la limite de l'hystérie.

Maintenant, ils réclament à leur père leurs consoles de jeux vidéo. Le pauvre homme vient à peine de prendre la première bouchée de ce délicieux steak, apparemment juteux et tendre à souhait.

Après deux minutes de crise et de protestations, le père se résigne. Il se lève de table et dit au garçon :
— Je dois m'absenter quelques minutes pour aller chez moi, pouvez-vous mettre mon assiette de côté ?

Le serveur s'exécute.

À ce moment-là, Guy a une pensée pour le chef de cuisine qui doit garder au chaud ce magnifique morceau de bœuf. Un bourguignon ou une daube de volaille, pourquoi pas, mais une pièce de boucherie de cette qualité !

Guy ressent à la fois de la tristesse et de la compassion pour ce couple qui n'arrive pas à gérer sa progéniture. Et, il s'écoule non pas cinq ou dix, mais plus de vingt interminables minutes avant que le père ne revienne avec les deux consoles vidéo.

Vingt longues minutes pendant lesquelles, la mère a renoncé à contrôler ses enfants. Les grands-parents, eux, avaient les yeux rivés sur leurs assiettes, ils dégustent méticuleusement chaque bouchée, créant ainsi une bulle hermétique autour d'eux.

Papa tend les jeux aux deux garçons et d'emblée, presque par enchantement, le tumulte infernal prend fin. Guy va pouvoir passer au dessert et le savourer dans le calme, presque spirituellement.

Mais non ! Il n'avait pas prévu que le volume sonore des deux consoles perturberait à nouveau ce qui aurait dû être un moment de détente. Quant au père, il est en train de se motiver pour avaler son steak, qui doit être aussi dur qu'une semelle de randonneur.

Finalement, Guy engloutit rapidement son entremets, demande l'addition, paye sans tarder et quitte le restaurant. Le serveur lui lance un regard empreint de désespoir et d'excuse, auquel Guy répond avec le même regard, lui adressant un petit sourire gêné. Le pauvre se dit Guy. Il n'est en rien responsable de cette situation. Ce sont plutôt les parents qui doivent être blâmés, ou à plaindre…

5 – Guy 1 heure 30, Guy prend congé en remerciant chaleureusement ses amis et en leur promettant de revenir les voir dès que possible.

Il grimpe dans son automobile et se dirige vers l'hôtel. Vingt minutes plus tard, il arrive à destination.

C'est l'un de ces établissements dans lesquels il n'y a personne à la réception pendant la nuit. Un simple badge électronique, récupéré précédemment, suffit à ouvrir la barrière des places de stationnement et de la chambre.

Il se gare sur le parking, franchit l'entrée de l'hôtel et monte au premier étage où se trouve sa chambre. C'est la 131, il s'en souvient.

Il se dirige vers le fond du corridor, première porte à droite.

Et là... il se retrouve nez à nez avec un couple. Un couple complètement nu, s'adonnant aux plaisirs de la chair. Nu dans le couloir d'un hôtel, en train de faire l'amour.

Il n'en croit pas ses yeux. Une extrême sensation de gêne l'envahit. Il marche devant eux alors qu'ils continuent leurs ébats.

Il se hâte d'entrer dans sa chambre, située quelques mètres plus loin, difficilement capable de réaliser ce qui vient de se passer. Il s'assoit sur le lit, perturbé par cette scène. Les gémissements bruissent encore dans le couloir.

Il faudra cinq bonnes minutes de plus et un dernier râle d'extase pour que les deux amoureux retrouvent un certain calme.

Puis, Guy entend la porte se refermer, et tout devient silencieux. Il n'est pas sûr qu'ils aient remarqué sa présence.

Huit heures du matin, le réveil de Guy résonne dans la chambre. Il prend une douche et rend vers la salle à manger de l'hôtel pour prendre un délicieux petit-déjeuner. Ensuite, direction Barcelone.

Il s'installe à une table devant son café, son jus d'orange et deux croissants encore chauds.

Il savoure ce moment important de la journée tout en se remémorant la scène surréaliste qu'il a vécue quelques heures plus tôt. Un petit sourire se dessine sur ses lèvres, bien que la situation l'ait quelque peu embarrassée.

Il lève la tête de sa tasse, et devinez qui entre dans la salle ? Le couple d'hier soir. Une bouffée de chaleur l'envahit. Il a du mal à regarder dans leur direction. Ils sont assis en face de lui. Guy se demande si le couple va le reconnaître. Mais il n'en est rien. Ils sont parfaitement détendus, comme si rien ne s'était passé. Comme si personne n'avait été témoin de cette scène incroyable.

6 – Pour sa journée de repos, Guy décide, pour une fois, de ne rien faire. Une journée de détente totale, et ce soir, il va s'offrir un dîner avec son épouse.

Son choix est fait. Ils vont à « L'Entrecôte Garnie ». Ce restaurant est réputé pour son humeur bon enfant, en grande partie grâce à son patron qui crée une ambiance formidable. Il est vraiment plein d'énergie et d'ailleurs, ils s'y sont déjà rendus plusieurs fois et n'ont jamais été déçus.

Il est 20 heures. Guy et son épouse y arrivent. Le garçon les conduit à la table qu'ils ont réservée un peu plus tôt dans l'après-midi. La salle est bondée, et il y a au moins 50 clients qui s'affairent autour de leurs assiettes dans une atmosphère joyeuse.

Le serveur leur présente les cartes et leur demande s'ils souhaitent prendre un apéritif. Guy et son épouse optent pour un gin-tonic.

Alors qu'ils étaient en train de lire les menus, le patron du restaurant fait son entrée. Cependant, quelque chose semble ne pas aller. Il est visiblement ivre, cela se voit dès qu'il franchit la porte. Les clients se tournent vers lui, intrigués et perplexes.

Sans se soucier de l'attention qu'il suscite, le boss saisit un extincteur qui se trouve à proximité et l'utilise en guise de microphone improvisé. Il commence à chanter à tue-tête, accompagné d'un mélange de rires et de regards surpris de la part des habitués. Il est évident qu'il se trompe dans les paroles et dans les notes, mais il s'étend à se donner en spectacle, dans une sorte d'autodérision.

Pendant ce temps, le serveur tente de prendre les commandes des autres tables, mais le patron, toujours en proie à son état d'ébriété, continue ses élucubrations. Les clients commencent à s'impatienter et certains se plaignent bruyamment. La tension monte alors qu'un couple assis à une table voisine est injustement visé par le patron. Il les insulte sans aucune raison apparente, occasionnant la consternation et la confusion générale.

Pour finir, il retourne derrière le bar et se remet un whisky-soda sans se soucier des dégâts qu'il est en train de causer. Il se cogne au passage dans un meuble, renversant un pot de fleurs.

Puis, tout aussi soudainement qu'il est arrivé, il disparaît dans une fanfare de chaos. Les clients sont abasourdis, ne sachant pas vraiment que penser de cette situation étrange et désagréable. Certains se lèvent pour partir, choqués par le comportement du patron, tandis que d'autres se persuadent de rester, espérant que le calme reviendra.

Quant à Guy et son épouse, ils échangent un regard perplexe. Ce dîner, qui devait être convivial et détendu, a pris une tournure en tous points inattendue. Ils décident en fin de compte de quitter le restaurant, déçus par cette expérience qui a gâché cette soirée. Depuis cette soirée chaotique, ils n'ont jamais eu le courage de retourner dans ce restaurant. Il est fort probable que d'autres clients aient ressenti la même déception et aient décidé de ne plus y mettre les pieds. Les souvenirs de ce moment désagréable ont laissé une empreinte durable dans leurs esprits.

7 – Guy se trouve dans un restaurant à Lyon, en train de manger tranquillement avec un ami. À la table d'en face se trouve un couple d'une trentaine d'années. Ils ont l'air amoureux et complices. Guy et son camarade ne leur prêtent pas plus d'intérêt que ça.

Le dîner se déroule dans une ambiance sympathique, et les serveurs sont attentionnés.

Le couple d'en face parle à voix basse, presque en chuchotant. Leurs mains se caressent régulièrement tout au long du repas, et leurs regards témoignent de leur passion.

Guy a remarqué que la jeunette s'est levée pendant le dessert, probablement pour se rendre aux toilettes. Mais pourquoi cela serait-il étrange ?

Vingt bonnes minutes se sont écoulées, et Guy continue sa discussion avec son ami.

Après avoir réglé l'addition, les deux tourtereaux quittent leur table. C'est alors que Guy s'aperçoit que la jeune demoiselle a laissé… sa petite culotte sur sa chaise.

Un repas qui revient cher

Un soir, alors que la brise d'été caressait doucement les rues pavées, deux individus décident de s'installer à la terrasse du restaurant. Ils ont l'air confiants et semblent apprécier le luxe de l'endroit. Ils s'appellent Vincent et Maxime.

Ils s'assoient à une table un peu à l'écart de l'entrée principale et commandent le menu gastronomique. Ils échangent des rires complices et des murmures à voix basse tout en savourant chaque bouchée de leur festin.

Le temps passe rapidement, et bientôt, les assiettes vides sont débarrassées. C'est l'heure de l'addition. Vincent, le plus audacieux des deux, se lève en prétendant avoir besoin d'aller aux toilettes. Maxime, quant à lui, s'éloigne pour fumer une cigarette à l'extérieur.

Quand Tibo apporte la note à la table des deux comparses, il est soudain pris d'une étrange sensation. Il regarde furtivement à droite, à gauche, puis dehors.

Les deux hommes se sont volatilisés, laissant une addition de plus de 150 euros. Tibo n'en revient pas. Tout s'est passé sous ses yeux, et il n'a rien vu venir.

C'était sans compter sur les enregistrements des caméras de surveillance dissimulées dans le restaurant, installées pour dissuader les voleurs et les clients malhonnêtes.

Avec un peu de chance, les malfrats pourront être identifiés. Et c'est le lendemain matin que Guy se rend au commissariat pour y déposer une plainte.

L'enquête révèle que les deux suspects sont connus des services de police. Ce sont deux voyous notoires qui ont réussi à échapper à la justice jusqu'à présent. Mais les enregistrements vidéo étaient de bonne qualité, ne laissant aucun doute sur le larcin.

Quelques mois plus tard, l'affaire fut jugée. Les charges retenues contre les deux escrocs étaient graves. Ils risquaient une peine de prison conséquente. Le magistrat écouta attentivement les témoignages et les preuves fournies par le restaurant et la police. Finalement, le verdict tomba : ils furent reconnus coupables de « délit de filouterie » et condamnés chacun à un mois d'emprisonnement avec sursis, 1000 euros d'amende et 500 euros de dommages et intérêts.

Le jeu en valait-il vraiment la chandelle ?

« *Il n'y a pas de bonne cuisine si au départ elle n'est pas faite par amitié pour celui ou celle à qui elle est destinée.* »

Paul Bocuse

Plus on est de fous, plus on rit

Cette histoire incroyable se déroule pendant la saison creuse. Et heureusement !

Il est 19 heures et le restaurant est encore vide quand quatre personnes se présentent pour dîner. Les deux couples sont assez distingués et font partie de la génération des sexagénaires.

Morgane les installe à une table.

Tout débute calmement, mais rapidement des propos déplacés commencent à fuser dans le resto.

Guy a bien remarqué que quelque chose clochait à cette table et en particulier, l'un des quatre convives a un comportement étrange dès le début. Nous ne citerons que son prénom. Paul V.

Il semble déjà avoir commencé à fêter sa soirée en se tournant davantage vers l'un de ses apéritifs préférés.

Guy n'y prête pas plus d'attention que ça. Après tout, dans le milieu de la restauration, il n'est pas rare de faire face à ce genre de situation.

Le niveau de discrétion est si faible que l'équipe entend distinctement les deux couples parler crûment de sexe et de relations charnelles en partie carrée.

Le restaurant est toujours vide à cette heure, et Guy se dit que, pour une fois, c'est un mal pour un bien.

Les convives viennent de terminer leurs entrées, ainsi que leur deuxième bouteille de vin. Guy prépare leurs assiettes. La cloche de comptoir résonne dans la salle, et Morgane les apporte à leur table. Tout bascule quand, Paul V. avance ouvertement et sans scrupule une proposition indécente à Morgane : une partie de jambes en l'air à cinq.

La pauvre Morgane ne sait plus où se mettre. Elle tremble. À seulement 24 ans, elle est insultée.

Et bien entendu, Paul V. en profite pour commander une troisième bouteille de vin.

C'en est trop. Guy décide de prendre les choses en main et demande à Morgane de rentrer chez elle. Il s'occupera désormais de la salle et de cette seule table.

Les deux couples terminent leurs plats en continuant leurs discussions inappropriées.

Soudainement, Paul V. se lève en titubant, se dirige maladroitement vers la porte d'entrée du restaurant, quitte le trottoir et disparaît dans la nuit.

Son couple d'amis et sa femme ne s'en inquiètent pas davantage. Comme s'ils étaient habitués à ses propos.

Le plus étonnant, c'est que le lendemain, Paul V. laisse trois étoiles sur un site d'avis et de commentaires. Il faut vraiment avoir un culot incroyable et Guy serait heureux que cet individu oublie définitivement son restaurant.

Un p'tit coup pour le dessert

Ce soir-là, « La Bonne Table » est privatisée pour célébrer un anniversaire de mariage. Et ce n'est pas moins de 43 convives qui envahissent les lieux. Autour de la table d'honneur, Ginette et Marcel règnent en maîtres de cérémonie, entourés de leurs amis, de leurs enfants et de leurs petits-enfants.

Le repas se déroule à merveille, et chacun savoure les délices préparés par Guy. Un véritable menu d'exception où le foie gras côtoie les langoustines. Le filet de Saint-Pierre aux agrumes fait sensation. Et le plateau de fromages est une pure œuvre d'art.

Une pause bienvenue permet aux estomacs de se reposer avant d'attaquer le dessert, une magnifique et succulente omelette norvégienne. Les serveurs s'affairent à débarrasser les tables, tandis que les pâtisseries allaient bientôt être disposées pour le plus grand bonheur des convives.

Tout le monde papote joyeusement, se remémorant les bons moments partagés avec Ginette et Marcel. L'ambiance festive est si enivrante que personne ne remarque l'absence de Patrick et Valérie.

Personne, excepté Tibo, ne les a vus entrer ensemble dans les toilettes des hommes.

Déconcerté et mal à l'aise, par cette situation, il garde le silence.

Finalement, le couple adultérin émerge au bout de quinze minutes et regagne discrètement leurs places respectives, aux côtés de… leurs conjoints légitimes.

Ce n'est que le lendemain que Tibo partage cette anecdote avec son patron, déclenchant un éclat de rire mémorable.

Une soirée explosive

C'était une soirée de printemps qui s'annonçait normalement paisible, mais elle se révéla être bien plus que cela. Morgane, vêtue d'un costume impeccable, accueille avec son sourire légendaire les premiers clients, sans se douter de l'orage qui approchait.

Parmi les convives se trouve un couple, Patrick et Sophie, qui semblent avoir apporté leur propre tourmente. Patrick, homme d'âge mûr aux cheveux grisonnants et au visage marqué par le temps, et Sophie, femme élégante aux traits fins et aux yeux pétillants. Mais derrière cette façade soignée, la tension est palpable.

Dès leur arrivée, les hostilités éclatent. Patrick reproche à Sophie d'avoir choisi ce restaurant, tandis que celle-ci se plaint du manque d'attention de Patrick à son égard. Les mots volent, accompagnés de regards assassins, créant une atmosphère oppressante autour de leur table.

Pendant que les plats sont servis, Patrick décide de fouiller dans le passé, maniant cette arme avec dextérité. Il rappelle à Sophie chaque fois où elle l'avait déçue, chaque trahison qui avait miné sa confiance en elle. Chaque parole est comme un poignard dans le cœur de Sophie, qui se défend en énumérant avec précision les fautes de Patrick.

Leur voix monte crescendo, attirant l'attention des différents clients. Certains sont mal à l'aise, d'autres curieux, tous se demandant comment un couple peut être à ce point déchiré.

Même lorsque le dessert arrive, son goût sucré ne parvient pas à adoucir leurs propos amers. Patrick lance des accusations acerbes, tandis que Sophie répond avec une froideur calculée. Ils semblent déterminés à se blesser mutuellement, à faire ressortir le pire de leur relation.

Morgane se déplace avec précaution, évitant de se retrouver prise dans la tempête de leurs querelles. Le couple a créé une zone de conflit dans le restaurant, transformant l'endroit en une arène de guerre conjugale.

Les autres clients ne peuvent s'empêcher de jeter des regards furtifs à Patrick et Sophie. Certains échangent des murmures, spéculant sur les raisons de leur dispute. D'autres se replient sur eux-mêmes, soulagés de ne pas être pris dans une relation aussi tumultueuse.

Cependant, certains spectateurs sont captivés par le sketch. Ils observent avec fascination chaque geste, chaque réplique cinglante. Ils semblent presque apprécier le drame, se délectant de cette explosion de passion contenue.

Les assiettes vides sont emportées, signe que le repas touche à sa fin. Mais Patrick et Sophie sont loin d'en avoir terminé. Leur dispute a atteint un point de non-retour, un point où les mots sont vains, laissant place uniquement aux émotions brutes.

Quand le couple se lève pour partir, les dernières paroles sont lancées avec une violence inouïe. Patrick claque la porte derrière lui, laissant Sophie seule, les yeux rougis et le cœur meurtri. Le restaurant retrouve son calme, mais l'ombre de ce couple enragé persistait malgré les efforts de Tibo et Morgane pour créer une ambiance agréable.

Un peu trop colérique

Janvier 2021, Valérie a réservé une table. À 20 heures, elle arrive accompagnée de son mari et d'un couple d'amis.

Guy la connaît bien. C'est une cliente particulière. Il prend toujours des précautions avec elle, car elle a la réputation d'être très exigeante, sulfureuse et maniaque. Mais elle est également connue pour sa bonté et sa passion pour la bonne nourriture.

Elle a déjà félicité Guy pour sa cuisine raffinée qu'il propose et son service impeccable.

Ce soir-là, Valérie est là pour célébrer une occasion spéciale. L'excitation est palpable.

La soirée commence sous les meilleurs auspices. Ils demandent des apéritifs pour accompagner leurs conversations animées.

Morgane prend les commandes et s'empresse de les transmettre au bar. La soirée se déroule dans une ambiance chaleureuse et sereine.

C'est au moment de la facture que l'incident se produit. Morgane, sans le vouloir, a noté cinq apéritifs au lieu de quatre sur le ticket de caisse. Valérie, habituée à la perfection, a immédiatement remarqué cette erreur en examinant l'addition détaillée de 381 euros.

Le sang de Valérie ne fait qu'un tour. Elle a toujours été très prudente avec ses frais et n'aime pas voir son argent mal dépensé. Pour elle, chaque centime compte. Dans un accès de colère, elle se lève de sa chaise et interpelle Morgane de manière exagérée :

— Comment oses-tu ? Tu as fait une grossière erreur. Nous n'avons commandé que quatre apéritifs, pas cinq ! Je ne paierai certainement pas pour tes erreurs.

Morgane, déconcertée, s'excuse aussitôt. Elle comprend sa bourde et tente de se justifier poliment en expliquant que c'est une simple méprise. Mais Valérie est hors de contrôle. Ses paroles résonnent dans tout le restaurant, attirant l'attention des autres clients et du personnel.

Guy se précipite vers leur table pour contrôler la situation. Il utilise sa voix douce et apaisante :

— Madame, je suis désolé pour cette confusion. Je vous assure que nous allons rectifier cette erreur immédiatement. Vous n'avez pas à vous inquiéter, votre satisfaction est notre priorité absolue, ajoute-t-il d'une intonation calme.

Mais Valérie est trop en colère pour écouter. Elle continue de réclamer une réparation instantanée et insiste pour ne pas payer la valeur totale de l'addition. La tension monte dans le restaurant.

Morgane baisse la tête, les larmes aux yeux. Elle se sent humiliée et impuissante face à la colère de Valérie. Elle admet qu'elle a commis une erreur, mais elle est persuadée que Valérie aurait pu réagir de manière plus compatissante.

Voyant que ses efforts pour apaiser la situation étaient vains, Guy décide de faire un choix radical. Il se tourne vers Valérie et d'une voix ferme lui lance :

— Madame, je comprends votre colère. Vous savez très bien que je vais retirer le cinquième apéritif de l'addition. Vous ne paierez que pour ce que vous avez effectivement consommé. Je vous demande également d'adopter une attitude plus respectueuse envers notre personnel.

Valérie, légèrement surprise par la réponse de Guy, s'est peu à peu calmée. Elle réalise qu'elle est allée trop loin dans son indignation. Ses amis la regardent avec des yeux pleins de reproches et elle se sent honteuse de sa conduite.

Au dernier moment, Valérie s'excuse auprès de Morgane et de Guy pour sa réaction inadaptée. La fin de soirée s'est poursuivie dans une atmosphère plus détendue, bien que l'incident ait laissé une empreinte sur la mémoire de tous les convives.

Le lendemain, Valérie, se sentant profondément coupable de son comportement, prit son courage à deux mains et se précipita dans le bureau de Guy pour lui présenter ses regrets. Il l'accueillit avec chaleur et gentillesse et apprécia son geste. Il accepta ses excuses avec grâce.

Au fil du temps, Valérie est devenue une cliente régulière du restaurant. Elle avait appris une leçon précieuse sur l'importance de la patience et du respect envers les autres.

Sacré Emile

Guy venait d'entamer quelques travaux de décoration de sa terrasse. Après quelques jours en compagnie de quelques artisans, l'ouverture était imminente. Tout le monde s'affairait pour mettre les dernières touches, tandis que Morgane et Tibo finalisaient les décorations avec enthousiasme, prêts à accueillir les premiers clients dans moins d'une semaine.

Cependant, personne ne s'attendait à ce qui allait survenir, Émile.

C'est l'heure du déjeuner, et les ouvriers sont en train de prendre leur pause bien méritée. Guy les rejoint à l'intérieur du restaurant, leur servant généreusement quelques charcuteries, accompagnées de cet excellent vin, et d'un pain artisanal fabriqué dans la boulangerie d'en face.

Soudain, un bruit de pneus crissant se fait entendre, suivi d'un vacarme assourdissant qui fait sursauter tout le monde.

Effrayée, toute l'équipe sort immédiatement pour constater les dégâts. Un véhicule vient de s'encastrer violemment dans les tables et le mobilier de la terrasse. Plus d'un tiers du matériel est endommagé, avec des décombres et de la tôle froissée éparpillés tout autour.

Et là, émergeant péniblement de la voiture, apparaît Émile, un petit pépé complètement désorienté.

Sans réfléchir, Guy s'approche de lui rapidement pour s'assurer qu'il allait bien. Bien qu'il soit choqué, il réussit à s'exprimer correctement.

Contre toute attente, il lâche cette phrase :
— Ce n'est pas de ma faute, quand même ! Cette terrasse n'était pas ainsi la dernière fois que je suis passé, il y a deux mois.

Guy reste bouche bée, ne sachant pas trop comment réagir. Que pouvait-il bien répondre à une excuse aussi improbable ? Finalement, il décide d'adopter une approche légère et ludique pour détendre l'atmosphère.

Il lui lance avec un sourire malicieux :
— Eh bien, mon cher Émile ! Vous avez vraiment l'œil aiguisé. Vous savez, la rénovation de cette terrasse a été d'une rapidité phénoménale. Nous avons utilisé une technique révolutionnaire qui nous permet d'avancer dans les travaux en un clin d'œil.

Tout le monde éclate de rire devant cette explication farfelue. Même Émile, dans sa confusion, ne peut s'empêcher de sourire à cette réplique rocambolesque. Après tout, les accidents arrivent à tout le monde, et il est évident que cela relevait du pur hasard.

Une fois apaisé, Guy prit rapidement en charge les démarches pour les réparations nécessaires à la terrasse endommagée. Les assurances couvraient les frais, et l'établissement put ouvrir ses portes comme prévu, dans les délais impartis.

Émile est finalement un habitué du restaurant. Il était toujours ravi de déguster les plats de Guy et le félicitait pour la gestion des dégâts causés par son improbable incident.

Ainsi, malgré cette péripétie inattendue, tout se termina bien. Émile, le petit pépé distrait, devint un personnage attachant et une anecdote amusante dans l'histoire de « *La Bonne Table* ».

« *La véritable cuisine sera toujours celle du terroir. En France le beurre, la crème et le vin en constitueront toujours les bases.* »

Paul Bocuse

Merci

En tournant la dernière page de ce livre, il est essentiel de prendre un moment pour exprimer ma gratitude envers toutes les personnes qui ont contribué à la réalisation de ce projet.

Leur soutien, leur expérience et leur générosité ont été les piliers qui ont rendu cette aventure possible.

Un grand merci à mes amis professionnels de la restauration et de l'hôtellerie qui ont ouvert leurs portes et détaillé leurs histoires incroyables. Votre passion, votre expertise et votre volonté de partager vos connaissances ont enrichi ce recueil d'une manière inestimable. Vous êtes les héros de ces pages. Que ce livre puisse rendre justice à votre dévouement et à votre talent.

Une reconnaissance spéciale à tous ceux qui ont participé à la relecture, à la correction et à l'amélioration de cet ouvrage. Vos commentaires précieux ont contribué à peaufiner chaque extrait, à clarifier chaque histoire pour les rendre encore plus agréables.

Merci à vous lecteurs qui vous êtes plongés dans ces pages. Votre intérêt pour ce livre est le moteur qui alimente la passion d'écrire et de partager.

Et pour terminer, une gratitude particulière pour :
Jérôme, Oliver, Leti, Jacques, Marina, Mau, Aly, Nikita, Léna, Peter X2, Annett, Babett, Tony, Carol, Geoffrey, Dhaya,

Patrice, Muriel, Jean-Pierre, Honorine, Paul, Rachel, Fabrice, Nath, Thibaud, Malvina, CathWoman, Ludo, Pierre, Carole, Steeve, Azilis, Jessie, Curt et Alejandro. Et les autres… Tous les autres.

Que nos chemins se croisent à nouveau, que de nouvelles amitiés se forment, et que la magie de ces instants continue à inspirer et à nourrir nos vies.

Merci du fond du cœur.

Épilogue

orsque nous nous aventurons dans l'univers fascinant de la restauration et de l'hôtellerie, nous pénétrons dans un royaume de saveurs exquises, de moments mémorables et d'histoires captivantes.

Au fil des pages de ce livre, nous avons plongé dans les coulisses de ces métiers exigeants, découvrant les joyaux cachés et les challenges insoupçonnés qui jalonnent ce monde unique.

Au travers de ces 98 anecdotes, nous avons été transportés à travers le temps et l'espace, des cuisines effervescentes aux salles à manger vibrantes.

Nous avons côtoyé des chefs passionnés, des serveurs attentionnés, des clients inoubliables et des circonstances improbables qui ont façonné l'essence même de cette industrie.

Chaque histoire était une fenêtre ouverte sur un univers où la créativité culinaire rivalise avec l'art de l'accueil, où les défis se transforment en opportunités et où la passion et la persévérance sont les ingrédients indispensables pour réussir.

Nous avons ri des situations comiques, été émus par les moments de générosité et stupéfaits par les rebondissements inattendus.

Ces histoires nous ont rappelé que derrière chaque plat servi, il y a une équipe de talents et de fanas qui donne vie à ces expériences inoubliables.

Mais au-delà des rires et des surprises, ces anecdotes nous ont également révélé des leçons profondes sur la nature humaine.

Elles nous ont montré comment un simple repas peut transcender les barrières culturelles, comment un geste attentionné peut illuminer la journée d'un client et comment l'esprit de collectif peut surmonter tous les obstacles.

Ces récits nous ont rappelé que la restauration et l'hôtellerie sont bien plus que des métiers, ce sont des arts qui nourrissent non seulement nos corps, mais aussi nos âmes.

Alors, en refermant ces pages remplies d'anecdotes mémorables, souvenons-nous de la magie qui se trouve derrière chaque plat savoureux, chaque sourire sincère et chaque instant de convivialité partagé.

Que cette exploration des coulisses de la restauration et de l'hôtellerie nous inspire à apprécier davantage les expériences culinaires et à reconnaître le travail acharné et la passion de ceux qui les rendent possibles.

FSC
www.fsc.org
MIXTE
Papier issu
de sources
responsables
Paper from
responsible sources
FSC® C105338